Denmark

デンマークと池田大作先生

寺田 治史
Terada Haruhisa

風詠社

まえがき

ここ数年、デンマークに関する情報は溢れ出した感があります。最近も、二〇二四年一月一四日に、マルグレーテ女王が退位されて、長男のフレデリック一〇世が新国王になられた様子を、各メディアが大きく報じていました。

書籍をはじめ、SNSやユーチューブでも、様々なデンマーク情報を得ることができます。デンマークで結婚して子どもを産み育てている女性、就職して住み着いた男性、大学やフォルケホイスコーレに留学した人たち、ワーキングホリデーで旅する若者など、皆さんこの国に対する好感度はとても高いようです。

私が初めてデンマークを訪れた一九九八年頃は「お伽の国」とか「子どもの天国」、「ゆりかごから墓場までの福祉」などと謳われていました。最近では「世界一幸福な国」と呼ばれるまでになっています。

初訪問の時から、「どうしてこんなに素晴らしい国になったんだろう」という憧れとともに好奇心が湧いて色々と調べるうちに、日本ではあまり知られていない人物、グルントヴィとコルという人の名前が挙がってきました。

この二人の教育者は、デンマークにフォルケホイスコーレ（国民高等学校）という、人々に対話を促す教育、これをデンマークでは「啓発」と呼びますが、世界に例を見ない独特の学校を創りました。

一八四四年にユトランド半島の南、北スレースヴィにロディンフォルケホイスコーレが初めて開校されましたが、その地域は当時プロイセン（ドイツ）かデンマークかという帰属問題があり、イギリスとロシアからの干渉もあり紛争が収まらず閉鎖され、一八六四年に領土も失い、そのため、グルントヴィの精神を受け継ぐ学校としてロディンの北に位置する所に、アスコー・フォルケホイスコーレ（アスコー国民高等学校、以下アスコー校）が一八六五年に開校されました。

以来、アスコー校はフォルケホイスコーレの中でも、グルントヴィとその弟子クリステン・コルの対話教育を受け継ぐ代表的な学校として認められ、フォルケホイスコーレ運動はデンマークだけでなくスウェーデンやノルウェー、フィンランドの北欧諸国を始めドイツやハンガリーにも広がっていきました。

やがて時を経て、一九八〇年から一四年間、アスコー校の校長を勤められたのがハンス・ヘニングセン先生でグルントヴィ研究の第一人者として著名な方でした。

一方、マーク・神尾氏は一九六五年にデンマークのアスコー地域に居住し始めて一九六六年から二年間、生徒としてアスコー校の寮に滞在していました。その時にアスコー校の教員であったヘニングセン先生の授業を受け懇意な関係になりました。

そして、筆者がマーク・神尾氏と関西創価学園で初めてお会いしたのが二〇〇一年のことでした。翌二〇〇二年にアスコー校を初訪問して以来アスコー校には計六回（デンマーク訪問は八回）の自主研修訪問に行きました。その都度ヘニングセン先生ともお会いして教育対話を重ねてきました。

そして二〇〇四年からは、マーク氏から私たちに受け入れの要請があり、ヘニングセンご夫妻を始めとして当時のアスコー校長夫妻や教員の方、バイエン市長やデンマークＳＧＩメンバーの方たちなど、デンマークからの来訪者を何度も受け入れて対話交流を結んできました。その人数は二〇二三年末時点で、延べ百名になります。

そうした期間中、ヘニングセン先生と池田大作先生との対談集『明日をつくる〝教育の聖業〟―デンマークと日本 友情の語らい―』が二〇〇九年に潮出版社から発刊されました。

これらの交流の始まりはマーク氏と私たちアスコー校訪問者との出会いが一つのきっかけとなりました。

その交流記録については二〇一一年発行の拙著「デンマーク最近の教育事情」を初めとして「デンマークと日本の人間教育」と題する論文が太成学院大学の紀要論文八巻分（二〇一三〜二〇二一年）に収録されています。この本はそれに加筆修正を加えたものです。

何故、この本を書くことにしたのか、その理由は、日本におけるデンマーク教育に関する出版物には一つとして、牧口常三郎や池田大作、ハンス・ヘニングセンそしてマーク・神尾が取り上げられていないからです。このことはデンマーク教育を理解するための画竜点睛を欠くと思います。

もう一つは、ＳＮＳ全盛時代になり北欧・デンマークブームと言われる今日、憧れだけに流されて、人間教育の巨人であるグルントヴィと池田大作先生の存在を忘れてしまうことを恐れるからです。前述の対談集や、池田大作著の『新・人間革命』の中にデンマークと日本の対話教育の核心があり、私なりに、その対談内容を読み解いてみたいと思いました。

対話こそが平和を築く王道であることは自明の理であるにも関わらず、今なお世界のさまざまな地域に、生命軽視の戦乱状態が続いており一向に治まる気配はありません。

これからの世界は、対話の国デンマークの「生の教育」と対話主義の池田教育論、この両者が織りなす「友情の語らい」に耳を傾けて行動する時代要請になっていると思います。

本書の出版に当たり、長年の友情交流と、数多くのご教示をいただいたマーク・神尾さんに感謝し、出版のお世話をいただいた風詠社の大杉剛さんに、心よりお礼申し上げます。

デンマークと池田大作先生　目次

まえがき　3

第一章　池田・ヘニングセン対談が示唆するもの……13

1. 交流の歴史……18
岩倉使節団　18
矢作《やはぎ》栄蔵の欧州留学　19
内村鑑三「デンマルク国の話」　20
ホルマン著 那須皓《しろし》訳「國民高等学校と農民文明」　21
平林広人《ひろんど》のデンマーク留学　22
野田義夫「丁抹国民高等学校の研究」　24
牧口常三郎「創価教育学体系」　25
松前重義のアスコー校訪問　27
池田大作のデンマーク訪問　28

2. 民衆教育と民衆宗教……29
ヘニングセンと池田の共通性　29
対談の橋渡しはマーク・神尾氏　31

3. 対談集の概略……37
対　話　40／師弟論　42／生涯学習　43

第二章　対話による啓発……47

1. ヘニングセンに五つの質問……48
2. 対話の観点から……54
民衆を鼓舞する歌の力　54
民主主義と対話　55
生のための学校　57
生きた言葉と死んだ言葉　58
ソクラテスの間接伝達方式　60
3. 師弟論の観点から……62
アスコー国民高等学校の「池田池」　62
「試験のない国」の揺らぎ　63
恩師はクヌッド・ハンセン　68
師グルントヴィと弟子コル　70
「弟子の勝利」が「師弟の勝利」　72
4. 生涯学習の観点から……74
「生涯教育」の伝統　74
「継続教育学校」とは　76
大人が「手本」を示す　79

第三章　グルントヴィと池田の哲学的背景……85
1．池田の仏典《ぶってん》引用……87
全ての教育対談で引用と解説　87
ヘニングセン対談での仏典引用　89
2．仏典をめぐる対談の詳細……92
「生の啓発《けいはつ》」の教育　92
不戦の世紀と民主主義のちから　94
よりよい社会へ福祉大国の挑戦　95
義務教育の現在、そして未来　99
義務教育と生涯教育　100
世界へ広がった国民高等学校　102
女性の美質が尊重されゆく社会へ　104
世界に開かれた学校　105
宗教と社会　109
第四章　池田博士の教育理念……114
デンマーク・アスコー研究会　114
ヘニングセンの池田への質問　116

教育における「師弟」 118
教師像をめぐって 122
いじめ・人権・平和の教育 126
いじめ・人権・環境教育 129
環境教育と宗教・恩師・詩心 133
平和教育と対話の大光 138

まとめに代えて …… 144

ヘニングセン最後の講演 144
最後となった池田の教育メッセージ 154

あとがき 156

装幀　2DAY

第一章　池田・ヘニングセン対談が示唆するもの

教育の目的は人間の幸福にあると考えたのは、デンマークではニコライ・フレデリック・セブリン・グルントヴィ（Nikolaj Frederik Severin Grundtvig, 1783~1872）であり、我が国においては牧口常三郎（一八七一～一九四四）である。

近年、行われている各種の世界幸福度調査ではいずれの調査でもデンマークは常に上位を占め、我が国は下位に位置する。今後、我が国および世界の教育を考える時、グルントヴィの教育理念を再認識し、大いに学ぶ必要があると思える。

本書に登場する池田大作（一九二八～二〇二三）とは創価大学・学園創立者のことである。小説『人間革命』、『新・人間革命』の著者でもあり広く世界の教育者と対談を重ね、二〇二三年時点で世界の教育学術機関から四〇九の名誉学術称号が贈られており、デンマーク南大学からは、二〇〇九年三月に第二五〇番目の称号が贈られている。またハンス・ヘニングセン（Hans Henningsen, 1928~2013）は元アスコー国民高等学校の校長で、デンマーク教員育成大学協会理事長（一九九三～二〇〇三）などを勤めた教育者であり、牧師でもある。グルントヴィ研究の第一人者として著名で、一九九四年にはデンマーク王室より「国家ナイト十字勲章」の称号を贈られている。

この両者が対談集『明日をつくる〝教育の聖業〟—デンマークと日本 友情の語らい—』を編んでおり、この本は、それに因んで、グルントヴィの教育理念が日本の教育に及ぼしてきた歴史を振り返りつつ、当時すでにグルントヴィに着目していた牧口の教育理念が池田に継承され実践されてきた様と、池田が唱える人間教育の理念を探ってみようと考えた。

グルントヴィの教育思想は「生の教育」、牧口のそれは「創価教育」と呼ばれているが、ここでは共に「人間教育」の名で括っておく。他に「全人教育」、「ホリスティック教育」などの類似概念もあるが、いずれも知と情と意を統合して育てる教育理念として捉えて「人間教育」と呼ぶことにする。

アスコー校でのヘニングセンの我々に対する講義の第一声は毎回常に、グルントヴィの言葉「先ず人間であれ」で始まり宗教については語らない。

池田もまた常々「教育が私の人生最後の事業」と教育を最重要視している。ともに人間教育を標榜する同志的な関係にあることを感じさせる。

経済のみならず教育の世界にもグローバル化とフラット化の大波が押し寄せる今日、人生とは何か、幸福とは何か、教育とは何か等、縦横に語り合う両巨人に学ぶことは多い。

今日に至るまでグルントヴィと国民高等学校について、憧憬の眼を持って我が国に紹介ま

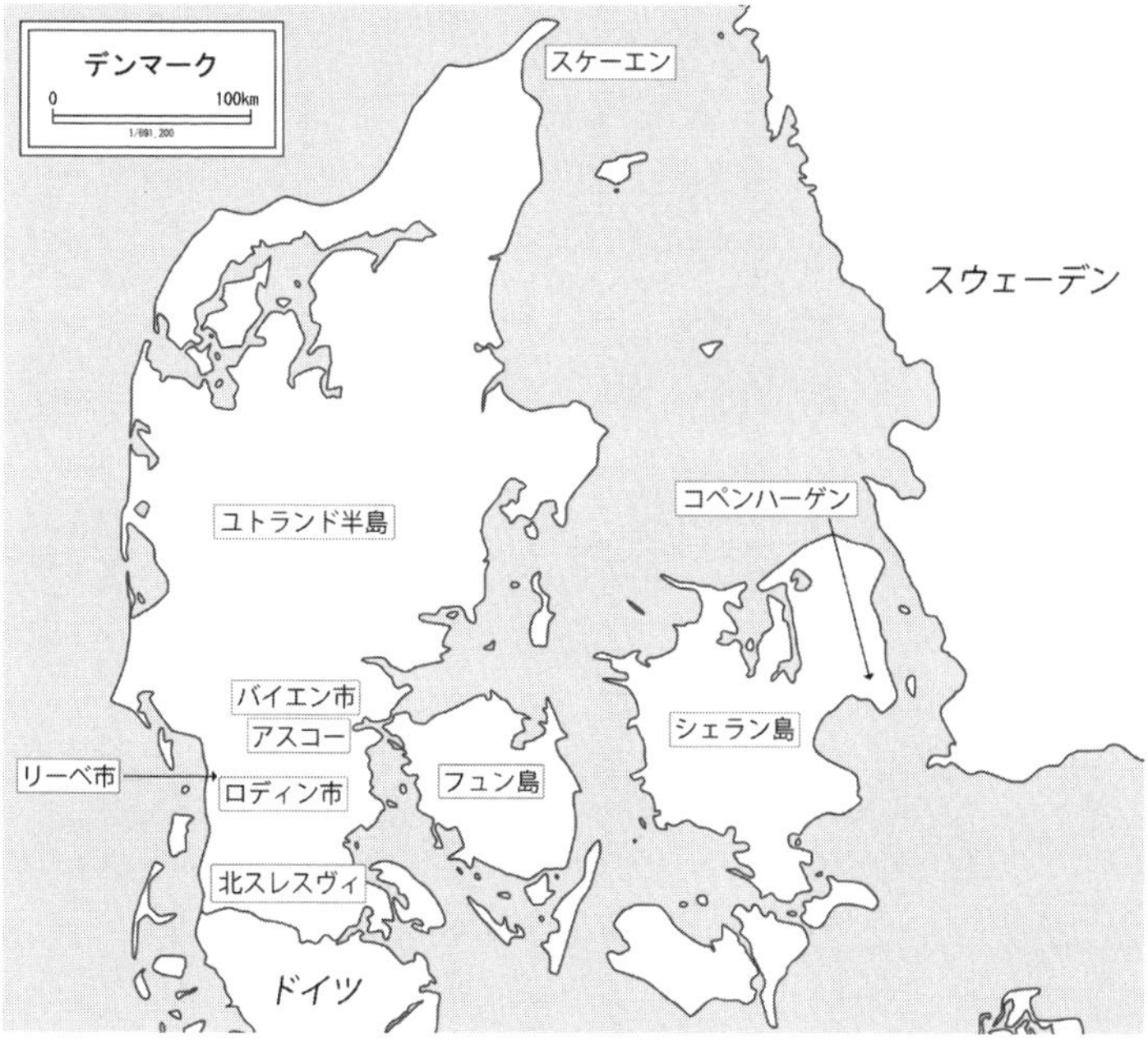

デンマークの略地図

たはその教育理念を取り入れ、国内に国民高等学校を設立した例は少なくない。

その殆どがキリスト者としての宗教的信念に基づく教育的な熱意からのものであったと言える。

グルントヴィもその弟子クリステン・コル（Christen Kold, 1816~1870）も敬虔なるキリスト者であり、ヘニングセンもまた牧師であるが、そのヘニングセンが対談者として「仏法者」池田を選んだのは何故であろうか。

それは両者とも教育の目的を「人間の幸福」に置いており、宗教は、人間のために存在するという認識に立っているからである。

また、二〇〇一年以後、池田が創立した創価大学や創価学園生たちが毎夏、毎冬、海外短期研修としてアスコー校を訪れており、ヘニングセンは、その「学びの姿」を目の当たりにして創価の人間教育に興味を持ったからだという。

筆者もまた、二〇〇二年から二〇一六年の間に六回夏の時期にアスコー校に滞在しており、彼らの学びの様子を目の当たりにして、同じ想いを抱いてきたのである。

二〇一〇年のヘニングセンと彼らとの語らいの中で、氏から投げかけられた質問は、これからの社会において経済主義と人間教育主義のいずれを選ぶのかというものであった。「これについて皆さんはどう思いますか」とさりげない対話の授業で、学生たちは皆が思い思いの意見を語っている様子を見て、日本では経験したことのない授業風景を見た。

教える授業でもなく誘導尋問的な問いでもなく、会話を楽しむような授業で結論もない。このような授業の積み重ねで、学生たちは皆自尊感情が高まったのか、溌溂として語り学ぶようになっていた。わずか二週間余りのアスコー研修を終えて帰国した学生たちの一八〇度の変貌ぶりを見てきた引率の教員たちは皆、対話教育の素晴らしさに感動されていた。

デンマークは、今日に至るまでグルントヴィとコルに始まる教育改革、国民高等学校運動によって、教育・福祉立国の道を切り拓いてきた。

言わば、「人間教育主義」の歴史を刻んできたと言える。一方、我が国は明治の学制改革以来、「富国強兵」、「殖産興業」の名のもとに経済重視の道を歩んできたと言える。

我が国の教育制度が全て間違いだったとは思わないが、今なお収束しない、いじめ、不登校、ニート、引きこもり、など「教育の危機」と叫ばれて久しい今日、小手先の対症療法で改善できるような状況ではない。対話主義でなく経済至上主義の道を歩み続けた負の側面であると思う。

池田は、早くからそのことを指摘して「社会のための教育」から「教育のための社会」へのパラダイムの転換を提唱して来た。

因みに、池田の「教育のための社会」のパラダイムについての知見は、コロンビア大学の宗教学者ロバート・サーマン（Robert A.F. Thurman, 1941～）から得ており、サーマンの「教育が人間生命の目的であると私は見ている」という言葉を紹介している。

なお、サーマンのこの考えは、インドが生んだ「人類最初の教師」と言われる釈尊（釈迦）の教えに学んだものであると言う。

デンマークの国民高等学校運動は、言わば人間教育主義の提唱であり、グルントヴィとコルが約一八〇年前に歩み始めた教育改革の道でもあった。

この本では、過去にデンマークを我が国に紹介してきた内村鑑三（一八六一～一九三〇）や松前重義（一九〇一～一九九一）ら、先覚者の知見と功績を概観した上で、さらに一歩進めて、グローバルな視点から、「教育のための社会」構築のために対話する池田、ヘニングセン両氏の語らいの深淵を探ることにする。

1．交流の歴史

先ず、両国の交流に関する歴史を概観しておく。

岩倉使節団（一八七一〜一八七三）

日本とデンマークとの国交関係は一八六七年、江戸幕府による修好通商航海条約締結に始まる。一八七一年、岩倉具視《ともみ》を全権大使、木戸孝允《たかよし》、大久保利通《としみち》、伊藤博文《ひろぶみ》らの副使のほかに四六名の使節員、一八名の随員と留学生四三名を加えた総勢一〇七名の大使節団が太平洋を渡りアメリカを訪問、八ヶ月の滞在の後、大西洋を渡り、ヨーロッパに向かっている。訪問国は、イギリスに四ヶ月、フランスに二ヶ月、ベルギー、オランダ、ドイツには各三週間、ロシアに二週間、そしてデンマークに五日間、その他スウェーデン、イタリア、オーストリア、スイスと訪問国は一二ヶ国に上る。一八七三年四月一九日にはデンマーク国王クリスチャン九世に謁見し、王宮、諸機関、施設を見学している。

この使節団の目的は主として米英二ヶ国との不平等条約解消の交渉のためであったがそれが果たせず、英国を後にしてからは訪問の目的が親善視察に変わっていったとされる。後の富国強兵、殖産興業への足がかりになったのである。

したがってデンマークにおいて一八四四年に最初の国民高等学校がロディンに開校されて

いたことも、グルントヴィやその弟子コルの存在も知らなかったと思われる。

因みにアスコー校は既に一八六五年に開校していたのだが。したがってこの使節団は一八六八年の学制交布とは無関係であり、我が国の教育制度はフランスをモデルにしたとされている。

矢作《やはぎ》栄蔵の欧州留学（一九〇二～一九〇七）

デンマークの国民高等学校と創始者グルントヴィおよび後継者コルを最初に我が国に紹介したのは矢作栄蔵（一八七〇～一九三三）である。

矢作は当時、東京帝国大学助教授・法学士の肩書きを持ち農政学研究のため、一九〇二年にヨーロッパに留学の旅に出て一九〇七年に帰国している。その間にデンマークを訪れており、帰国後『産業組合誌』32・33号に「丁抹《デンマーク》の生産組合」と言う一文を寄稿し、国を復興させたグルントヴィの功績を讃えている。なお、ここでは国民高等学校を「特殊国民補修学校」、グルントヴィを「グルントヴィク」、コルを「コールド」と記述している。

また、この時期、農政学研究の立場からデンマークを取り上げた人物に、佐藤寛次（一八七九～一九六七）をはじめ、数名の研究者がいたことを、宇野豪（二〇〇三）が紹介している。

内村鑑三「デンマルク国の話」（一九一一）

次に挙げられるのは講演集『後世への最大遺物・デンマルク国の話』を著した内村鑑三である。「後世への最大遺物」は一八九七年に講演し、「デンマルク国の話」は一九一一年に講演したと記されている。「デンマルク国の話」の初出は、『聖書之研究』第一三六号（一九一一年）である。

その内容は、一八六四年、デンマークは戦争に敗れ肥沃な土地であるシュレスウイッヒ・ホルスタイン地域がプロイセン・オーストリアに割譲することを余儀なくされた。そのためデンマーク国民は塗炭の苦しみを味わったという。その時に「外に失いしところのものを内において取り返すを得べし」という言葉を発する人物がいた。内村の本ではその人物はエンリコ・ダルガス（1828~1894）という名の工兵士官の軍人の言葉として紹介されている。

こうしてデンマークは、奪われた土地を取り返す戦ではなく、残されたユトランド半島の荒野を開拓する道を選んだのである。これによって、デンマークが復興したことを「デンマルク国の話」で紹介していたのである。

ところが筆者の調べでは、内村はデンマークには行ったことはなく、この時点ではグルントヴィの名も国民高等学校のことも知らなかったのである。

内村がグルントヴィと国民高等学校について知ったのは、後述する平林の話を聞いてからであったと思われる。

また、「外に失いしものを……」の言葉を発した人物はダルガスではなく、詩人のハンス・ホルスト（H.P.Holst, 1811~1893）であったことを村井誠人（二〇一〇）が突き止めている。そしてこのホルストの言葉がデンマーク国内でも広く知れ渡っており「外に失いしものを内にて取り戻さん」（Hvad udad tabes skal indad vindes）のフレーズはデンマークの子どもたちにも諳んじられてきたと紹介している。この事実について筆者は、マーク・神尾にも確認している。

このように、有名な「デンマルク国の話」を書いた内村であるが、一九一一年と言う時代背景もあり、弟子たちの遠慮もあったのか、訂正されないまま今日に至っている。

ホルマン著 那須皓《しろし》訳「國民高等学校と農民文明」（一九一三）

次に、教育研究の立場からデンマークを紹介したのはドイツの農政学者ホルマンであり、その著書を日本語に翻訳したのが農学者、那須皓（一八八八〜一九八四）である。この本で初めて、アスコー校が写真入りで掲載されている。

ドイツの農学者ホルマンがグルントヴィの教育事業について、「この事業の成績益々顕著なる程、この学校の未来も亦愈々《またいよいよ》大であろう。是の如き学校は単に北欧の天地のみに止まる事無く、軈《やが》ては全世界に普及すべき運命を有する」と讃え、国民高等学校が当時、北欧にしかなく独特のものであることから、ありふれた学校観念で見ても分からないので、グルントヴィその人の思想に学ぶ必要がある（趣意）と述べている。

また、グルントヴィのことを、国民の未来の発展を洞観できる『史的眼光』と『創造的思想』『広大深遠なる感情』を兼ね備えた「丁抹の国民的天才」であると絶賛したのである。

一方、訳者、那須は「解題」において、当時、北欧文明の一大勢力となりつつある国民高等学校の起源、沿革、組織と根本精神を明らかにし、詩人グルントヴィと哲人コルの生涯を説き、この独特の教育によって生まれた農民文明について論じたものであると本書を説明している。

矢作がホルマンを読み、那須に翻訳を依頼したところから、隣国ドイツの農学者ホルマンのグルントヴィ観と国民高等学校の存在が我が国に紹介されるところとなり、やがてそのことが牧口に伝わり、牧口から弟子の戸田城聖へ、戸田から弟子の池田へとその教育理念が伝播されたのである。

平林広人《ひろんど》のデンマーク留学（一九二四〜一九二七）

平林広人（一八八六〜一九八六）は教会の牧師からデンマークのことを聞き一九二四年から三年間、アスコー校やヴァレキレ国民高等学校に留学している。

帰国後デンマーク研究家として活躍し、晩年は東海大学の北欧文学科の講師にもなった人物である。

一九二九年、興農学園の初代校長となった平林は、内村の依頼を受け、昭和五年（一九三〇年）一月に内村の集会で講演をしている。内村はその模様を次のように日記に留めている。「昭和五年一月一二日　本年第一の研究会である。何しろ壇上に現はる々事が出来た。伊豆《いず》久連《くずら》興農学園《こうのうがくえん》々長平林広人が来て丁抹国農聖人《デンマークこくのうせいじん》グルントヴィの信仰に就いて話して呉れた。強く一同を感動せしめた。『活ける言葉とは人の全身全性格を通うして働く所の言葉である』と云ふのであった。まことに其通りである。我等研究会々員は今日まで余りに多く言葉を言葉として受けこれを我等の衷《こころ》に働かしめなかった。平林君はグルントヴィが丁抹を救うた途に依り日本を救はねばならぬと云うた」と。

ここに「活《い》ける言葉」、「グルントヴィ」の記述があり国民高等学校のことは平林によって知らされたことが分かる。

また、「外に失いしもの……」と言う言葉は詩人のホルストによることを先に述べたが、内村自身が「グルントヴィが丁抹を救うた途に依り日本を救はねばならぬ……」と書いているところから、この時にその精神的支柱はグルントヴィにあると認めたものと思われる。

内村はこの時、既に重い病の身であり、その年の三月二八日に亡くなっている。

なお、池田は『完本　若き日の読書』（第三文明社　二〇二三）で内村鑑三のことを次のように語っている。「こうして無教会主義の旗を掲げる内村は、西欧のキリスト教会勢力を激しく批判し、むしろ日本の誇るべき宗教改革者として、日蓮大聖人に学ぶところが多くあるという。内村は『偉大なる日蓮よ』と呼びかけ、日本における宗教家のうち『前代未聞の人』である理由を述べていく。……」と綴っており、池田は創価学会に入会する前に内村鑑三著の「代表的日本人」を読んでおり、彼の日蓮観を知っていたと言う。

そして池田は一九四七年八月、一九歳の時に内村の影響ではなく「あくまで、戸田城聖という一個の稀有な仏法者に接して、初めて師とすべき人物を見出し、やがて私も信仰者の道を歩むことになったのである」と綴っている。

野田義夫「丁抹国民高等学校の研究」（一九二九）

野田義夫（一八七四〜一九五〇）は、一九二五年に文部省からの派遣で英仏独の教育視察をした後、デンマークに入り、国民高等学校について研究してきた教育者である。

野田の本の目次を見ると「2．グルントウイッヒ（グルントヴィ）と国民高等学校」、「3の三、国民高等学校の殊勲者コールド（コル）」の表題が見られる。最後の「8．所感」には「丁抹の国民高等学校は創唱者グルントウイッヒ並に彼の一体心身とも称すべきコールドの人格を具体化したものであり、学校の内部には此の両人の熱血が今日も宛《さ》ながら横溢していることは上来《じょうらい》屡々《しばしば》詳述した通りであるから、私が国民高等学校に就いて感心した事は同時にグルントウイッヒとコールドに感じた事になり、国民高等学校の長所と認め且つ功績と賞賛する所はやがて両人の長所功績と見ねばならぬ」（傍点は筆者、一部現代表記に変換）。

ここで注目したい言葉は、グルントヴィとコルの関係を「一体心身」と述べ、「両人の熱血」云々と表記していることである。

宇野豪（二〇〇三年）によると、前述の矢作と那須も師弟関係にあり、矢作がドイツの農政学者であるホルマンの著作を紹介して那須に翻訳を担当させたのである。ここにも両氏の「一体心身」と「熱血」が感じ取れるのである。

グルントヴィとコル、矢作と那須、内村と松前、後で述べる牧口と戸田、戸田と池田の間に国民高等学校、すなわち人間教育の理念は全て師弟における「一体心身」と「熱血」によって継承されてきたことに着目しておきたい。

また、牧口と那須は当時、新渡戸稲造が主宰する「郷土会」の研究仲間であり、那須が訳した『国民高等学校と農民文明』を読み、掲載されたアスコー校の古代池（現・池田池）の写真を見ていたことは想像に難くない。

その牧口が著した『創価教育学体系』第一巻の「諸言」において、その出版の功績をコルに擬えて弟子、戸田を讃えたのである。因みに牧口と戸田の関係を池田は「師弟不二」なる言葉で讃え続けている。

牧口常三郎「創価教育学体系」（一九三〇）

次に取り上げる人物が牧口常三郎（一八七一〜一九四四）である。

彼が著した大著、『創価教育学体系』第一巻の「緒言」にグルントヴィとコルの名が登場する。そこには「丁抹の国勢を挽回したと謂われる、国民高等学校が今日の隆盛は、主唱者グルントウィッヒの功績よりは、少壮気鋭の後継者コールトのそれに帰せられているのを思い起こすとき……」とあり、『創価教育学体系』発刊に尽力した戸田のことを、後継の弟子コルになぞらえて讃えていたのである。

当時、北欧学の大家と目され国民高等学校の存在も知っていた牧口だが、グルントヴィの教育思想と国民高等学校を知りながらも用いることをせず、独自の創価教育学を提唱したのは何故か、大いに興味を引く問題であるがこれについては後で考察することにする。

いずれにしてもグルントヴィの教育理念と牧口のそれとは根本において共鳴しているように思う。それは幸福なる生活と人生をテーマとしているからである。

また、グルントヴィを育んだ信仰的基盤がキリスト教（ルター派）であるのに対して、牧口の信仰基盤は日蓮仏法であり、後に創価教育学会（現創価学会）の初代会長となっている。

なお、創価教育学発刊の一九三〇年一一月一八日が創価学会創立記念日となっている。

これまで述べたデンマーク教育の紹介者の殆どが、大なり小なりキリスト教信仰を基盤とした国民高等学校を紹介してきたが、牧口、戸田、池田はキリスト者でなく仏法者である。

キリスト教の「愛」の精神を根底に置き「先ず人間であれ」と叫ぶグルントヴィ、仏法の「慈悲」を根底に「教育の目的は子どもの幸せ」と唱える牧口、真に世界平和と人間の幸福を目的とする両者の精神は深いところで響きあっているように思われる。

松前重義のアスコー校訪問（一九三四年）

内村に師事した松前重義（一九〇一～一九九一）について、彼が創立した東海大学（一九四二年開設）のホームページ（二〇一一年）には「松前は、内村の思想と人類の救済を説く情熱的な訴えに深く感銘しました。そのなかで松前は、プロシアとの戦争に敗れ、疲弊した国を教育によって再興させた近代デンマークの歩みを知ります。とくに、その精神的支柱となったN．F．S．グルントヴィが提唱する国民高等学校の姿を知り、そこに教育の理想の姿を見出します」と記されている。

しかし彼が直接、内村からグルントヴィや国民高等学校のことを聞いたのではなく、先に述べた平林の講演を聴いたのがその始めであろう。

そのことについて難波克彰（二〇一一）は次のように書いている。「デンマークのホイスコーレ教育（国民高等学校教育）による国家建設によって平和で豊かな民主主義社会を形成した歴史に強く感銘した松前は平林が校長を務める静岡県田方郡西浦村九連の興農学園を度々訪問し、グルントヴィの教育思想やホイスコーレについて研究を始めるようになった」と。

その後、松前自身がデンマークを訪れる機会があり、その時アスコー校にも滞在している。帰国後、彼が著した『デンマークの文化を探る』（一九六二）の序には「デンマークに学ぶべきものは先ず其の歴史である。特に国民高等学校の創始にあり、其の精神にあり、其の信仰にある。国家の礎は教育にあり精神にあり信仰にあることを事実の前に証明したるはデンマークである」と国民高等学校のことを讃嘆している。

なお、同ホームページでは松前に影響を与えた人物として、新渡戸稲造（一八六二～一九三三）を挙げ、「（新渡戸は）思想家、農業経済学者、教育家です。札幌農学校卒業後、アメリカ・ドイツ留学ののち、京大教授、一高校長などを歴任し、キリスト教信者として国際親善に尽くし、国際連盟事務局次長もつとめました」と紹介している。

教育家でもある新渡戸は牧口とも親交のあった人物であり、『創価教育学体系』の「序文」に「我が国将来の教育と創価教育学」と題する一文を載せて、牧口の創価教育学に期待を寄せていた。

なお、同序文には新渡戸の他にも社会学者の田辺寿利（一八九四～一九六二）、民俗学者の柳田國男（一八七五～一九六二）からも一文が寄せられている。これらのことから考えても、牧口の創価教育学はグルントヴィ思想の継承ではなく、世界を視野に入れた独自の人間教育学であると言える。

池田大作のデンマーク訪問（一九六一年）

池田は欧州歴訪の第一歩をデンマークと決めて、一九六一年一〇月五日にコペンハーゲンの土を踏んでいる。その理由について『新・人間革命』第四巻大光の章に、「彼（池田）は、牧口常三郎の『創価教育学体系』の「緒言」に書かれた、デンマークの復興の父グルントヴィと、その若き後継者のコルのことを思い出した。この二人の教育者については、かつて、戸田城聖が何度となく、伸一（池田）に語ってくれた」と書き、デンマークの歴史やグルントヴィとコルの師弟関係や国民高等学校の教育について八頁に亘って詳しく記述している。

さらに注目すべきは「自分もコルのように、先師牧口常三郎、恩師戸田城聖の教育の理想を受け継ぎ、一刻も早く、創価教育を実現する学校を、設立しなければならないと思った」と書いていることである。つまり今日の創価大学や学園、小学校、幼稚園、さらにはアメリカ創価大学やシンガポール、韓国創価幼稚園などの設立構想の根元は、この時にデンマークの地でなされていたのである。

その他、グルントヴィやコル、アンデルセンやキルケゴールなど、デンマークが生んだ偉人についての池田の記述やスピーチは聖教新聞紙上などに数多く見られる。

2. 民衆教育と民衆宗教

ヘニングセンと池田の共通性

ここからは、池田・ヘニングセン対談集について述べる。

国民高等学校やグルントヴィとコルの功績を紹介し、その教育理念を我が国に取り入れた先覚者は多い。

しかし、現地のグルントヴィ教育の実践者であり研究者でもある人物との対談集を編んだのは池田が最初である。

ヘニングセンはキリスト者としてグルントヴィの孫弟子と言ってもよく、池田は仏法者として牧口の孫弟子、戸田の直弟子である。しかも両者とも教育を最重要視して携わってきた経歴を持っている。

グルントヴィは民衆を無智化して統制する当時の教会権威主義と真っ向から戦い、民衆のための宗教、民衆のための教育を訴えた。

その教育理念を受け継ぎ国民高等学校運動として実践したのがコルである。

ヘニングセンは、グルントヴィと縁の深いアスコー校の元校長であり、グルントヴィ研究の第一人者と目されている。終生、教壇に立って対話し、多くの教育者、学生から慕われてきた人物であった。

一方、池田は「僧が上、信者は下」と反民主的権威主義に陥った日蓮正宗宗門から時代錯誤の「破門」に遭った（一九九一年）。しかしこのことはグルントヴィが当時、牧師職を解かれた（一八二五年）のと同じく、民衆のための宗教指導者であることの証明となったのである。以後ＳＧＩ（創価学会インターナショナル）名誉会長として民衆のための宗教、民衆のための教育に専念することになる。

また教育に関しては牧口・戸田の遺志を受け継いで国内外に「創価」の名を冠した幼、小、中、高の学校園を創立してきた。一八九二年にはアメリカ創価大学も創立している。また折々にそれらの学校園や海外の諸大学から招かれて、青少年たちと対話交流を結んで来ている。

筆者は池田を師と仰ぐ教育者の一人として、及ばずながらも両者の教育対談の中味を読み解いてみようと考えた。

対談の橋渡しはマーク・神尾氏（一九四三〜）

池田・ヘニングセン対談の接点を作った人物がいる。デンマーク在住の元デンマークSGI理事長のマーク・神尾氏である。

マーク・神尾は「これからの人間は世界を見ておく必要がある」と考え、大学を休学して一九六五年七月に日本を発った。二一歳の時であった。横浜港を出てナホトカ経由で、欧州に向けた旅であったが特に目的地はなかったと言う。めぐり巡ってたどり着いたところがデンマークであった。

本人の弁によれば、ヒッピー同様の状態で日本を去り、彷徨ううちに生活資金が底をつき始めた。途中フィンランドでのヒッチハイクで出会った女性の紹介で、女性の実家である農場に行くことになった。そこがデンマークのバイエン市であった。

ところがその地の人々は皆、優しく親切で極東の国、日本から来た若者を受け入れてくれた。農場の仕事は過酷で辛かったが、仕事をするうちにデンマークの生活になじみ、そこに住み着いた。その場所がたまたまアスコー校の近くにあったので、入学を目指したのである。デンマークの国民高等学校は一八歳以上であれば誰でも無試験で入学する事が出来、しかも寄宿生活をする事が出来る。但し、デンマーク語ができることが必須条件であったので、普通の日本人なら諦めるところであるが、マーク・神尾はどうしたか。

何んと近隣の小学校一年生のクラスに通ってデンマーク語を習い始めたのである。また、農場主や家族の人たちもマーク・神尾を応援したのである。筆者が驚くのは、二一歳の日本人の青年を受け入れる小学校がデンマークに存在したということである。

次の問題は費用の事である。

アスコー校の費用は当時、年間約三六万円、八〇%を国が補助し、残り約七万円（三五〇〇クローネ）が自費であったという。

因みに現在は年間五〇万円以上必要で国からの援助率も減っている。その為か、かつて一〇〇校あった国民高等学校も現在は七〇校に減少している。

当時、貯えの少ないマーク・神尾に対して、校長から提案があった。寮が同室になる身体障がい者の学生の介護をすれば、半額を免除するというもので、マーク・神尾はこれを受けて入学できたのである。五七年前のデンマーク・アスコー校、日本ではとても考えられない教育と福祉の手厚さに加えて、人々の暖かさがデンマークには根付いていたのである。当然のことながら、マーク・神尾はその後も日本には戻ることはなかった。

マーク・神尾はこの二年間の寄宿生活で、アスコー校での学生生活を経験し、グルントヴィやコルの教育思想も学んだのである。アスコー校で学ぶうちに、グルントヴィの教育思想と日本の創価学会で学んだ牧口、戸田の創価教育思想の類似性に気付き、さらに深くグルントヴィ思想を学ぶために、一九六九年にコペンハーゲン大学にも籍を置いた。ラテン語が必須科目でありこれも学んでいる。

因みにグルントヴィはデンマーク語による教育を重視しており、当時、民衆から遊離した学術言語としてのラテン語による教育には否定的であった。

やがて日本からやってきた道子（一八四三〜二〇〇七）を旅案内したのがきっかけで一九七八年に結婚、デンマークで生活を共にした。なお二人は既に日本にいる時から創価学会員同士の知り合いだったという。

アスコー校での二年目に寮で同室したのがヤン・モラーであった。彼はマーク・神尾の勧めもあってやがてデンマークSGIに入会し、その後はマーク・神尾の後を受け、同会の二代目の理事長を務めている。マーク・神尾自身は一九九八年から二〇〇二年までデンマークSGIの理事長を務めてきた。

国民高等学校は卒業しても何の資格も出さないし、それを目的としていない。そのためマーク・神尾は一九八一年に社会教育主事の資格を取り、麻薬中毒青年の更生センターや青少年社会復帰施設でカウンセラーとして働きながら、観光案内の仕事にも従事してきたという。

このようにアスコー校の優良生となったマーク・神尾は、当時ドイツ語と哲学の担当教員であったヘニングセンとその時に親交を結んだという。

なお、当時の校長はクヌッド・ハンセン（Knud Hansen）であり、ヘニングセンが師と仰ぐ人物でもあった。やがてヘニングセンが一四年間に亘って同校の校長を務めている。

また二〇〇〇年には、マーク・神尾が時の校長ドックバイラーとヘニングセンを伴って来日し、池田と会わせている。

この時、両氏はアスコー校では初めての「アスコー教育貢献賞」を池田に贈り、創価大学は両氏に創価大学名誉教授称号を贈っている。

これが契機となって二〇〇一年にはバイエン市住民評議会が池田の教育貢献を讃え、アスコー校前にある古代池を「イケダ・ダム＝池田池」と命名し、二〇〇二年からはバイエン市が中心となって市民行事としての「イケダダム・フェスティバル」が池田の創価学会入会記念日である八月二四日を中心に開催されることになった。

筆者らは二〇〇二年の第一回フェスティバルに図らずも参加することができた。また、その前年から創大生、創価学園生の有志によるアスコー校での短期研修が始まっていたのである。

　そのメンバー達はアスコー校で学んだ対話教育（生の教育）の感動を忘れがたく創価大学内に研究サークル「デンマーク・アスコー研究会」を立ち上げた。その後、クラブに昇格したという。二〇一二年の総会には、筆者も招待され参加したが、その時に部員数が卒業生を含め既に三〇〇名を超えたと報告されている。メンバーの中には、デンマークの大学や国民高等学校に留学した者、デンマークに移住して結婚した者、日本で教員となった者など、グルントヴィと池田の人間教育の実践者として活躍している者が多いと言う。

ヘニングセンの授業 通訳は神尾（2005 年筆者撮影）

　これは特筆すべきことと筆者は考えている。

　何故なら、前掲「交流の歴史」で紹介したように、グルントヴィの教育思想に感銘を受けた先覚者たちによって創られた国民高等学校は日本にもいくつか存在する。しかしそれらは先覚者たちによって持ち込まれた言わば和風化された国民高等学校であった。

それに対してデンマーク・アスコー研究会は、学生たち自身が直接アスコー校でグルントヴィの教育思想を学び感動し、母校の創立者である池田の教育理念との共通性を再認識し、自分たちの手で結成した研究会であるところにより深い意義がある。

マーク・神尾はまた、デンマークSGI理事長の時、「アスコー池田平和研究会」を立ち上げ、機関紙『AIS』（ASKOV IKEDA STADIEKREDS, 2004）を創刊している。


このように元デンマークSGI理事長として、またアスコー校の卒業生として、ヘニングセンらとともに人間教育と反戦・反核・平和運動にも取り組んでいたのである。

さらに元アスコー校長ドックバイラーを議長とする「北欧ヨーロッパアカデミー」の創設（二〇〇四年）にも加わり、またデンマーク・パグウォッシュの議長ジョン・エーベリ博士とも親交を結び、デンマークSGIと協働して、反戦・反核・平和運動の先頭に立って、コペンハーゲンを中心にした活動を展開してきたのである。

二〇〇六年には北欧ヨーロッパアカデミー書記長のボスゴー氏を、二〇〇八年にはヘニングセンとウラ夫人達を、二〇一一年には当時のアスコー校長コプレゴー氏一行を広島に案内して、平和資料館を見学、広島市長との懇談も行っている。

なお、いずれの機会にも筆者は引率して同席している。

このように、マーク・神尾自身もデンマークの人間教育を学び身に着けて、師と仰ぐ池田の教育平和思想を後継に引き継ごうとしてきたのである。

3. 対談集の概略

対談集の内容は多岐に亘っているがここでは、「対話」、「師弟論」、「生涯学習」に関する事柄に絞って分析と考察を試みる。

論考の前に、グルントヴィの「生の教育」も牧口の「創価教育」もある種の独創的な教育理念であり、且つ言語も異なるため、言葉の概念の摺りあわせをしておく必要がある。

先ず、「対話」について、ヘニングセンは「ダイアログ」(dialogue) と表現して、「コミュニケーション」(communication) とは異なるとしている。「ノンバーバルを含むか」との筆者の質問にも「ノン」と答え、あくまでも言葉で語り合う「対話」を意味している。

一方、「啓発」(enlightenment) についてはグルントヴィの思想に「フォルケオプリュースニング」(folkeoplysning) と言う言葉があり、これは「民衆による啓発」と訳され、対話による「相互作用」(interaction) によって「啓発」(oplysning) が生まれると説明している。

これに関して池田は「先生（ヘニングセン）は『対話』こそ『生命啓発の基盤』と言われました。さあ、語り合いましょう！」と応じる（本文一一頁)。池田は「フォルケオプリュースニング」を「生命啓発」という、より深い次元の言葉で捉えており、ここに両者の対話の概念が共有されていると思われる。詳しくは後の「仏典引用」のところで考察したい。

次に「師弟論」について、池田は「師グルントヴィと弟子コル」のところでイギリスの歴史家カーライルがドイツのゲーテを「心の師」と仰いでいた例を引き、「一流の人物には、必ずといってよいほど、深い啓発を受けた師と仰ぐ存在がいるものです」と語り、グルントヴィとコルの関係もそうであると述べている。

これに対してヘニングセンは、「その通りです」と応じて、グルントヴィから受けた啓発によってコルが「蘇生」した逸話を語っている（二〇〇頁）。

この本で「師弟論」をキーワードに挙げた理由は、教育における「師弟論」は徒弟論や単に教師と生徒の関係ではなく、「人は人によってしか教育されない」という言葉の通り人間関係を築く上で最重要のものと考えるからである。

次にヘニングセンは「生涯学習」について、グルントヴィのフォルケオプリュースニングが、「民衆による自己啓発」、「民衆成人教育」とも訳されており、その思想が広がった北欧諸国全体が生涯学習の先進国と見なされていると語っている。

デンマークの国民高等学校は生涯学習の先駆的学校として広く認められており、「ＥＵ生涯学習政策」のテーマも「グルントヴィ計画」と名づけられたことがある。

吉田正純（二〇〇九）によると「グルントヴィ計画は二〇〇〇年より正式にソクラテス計画（第二期）の成人教育部門として独立し、二〇〇七年以降の生涯学習プログラムのもとでも再編・強化されている。その名称はデンマークの国民高等学校の産みの親として知られる民衆教育運動家ニコライ・F・S・グルントヴィに由来し、EUに加盟した北欧諸国の成人教育思想の影響がうかがえる」と紹介している。

一方、池田は、アーノルド・トインビー（Arnold Joseph Toynbee, 1889~1975）の「人間の能力は多種多様であり、その能力は、すべて社会的に価値があるものです。各個人がもつ独自の能力というものは、すべて発揮し、育成すべきです」という言葉を紹介し、創価大学においては生涯学習の一環として通信教育に力を注いできたことを明かしている（一〇五頁）。

超高齢化時代に入った我が国においても「生涯学習」の発展は喫緊の重要課題である。

対談集において、池田は冒頭から「憧れの教育大国デンマーク」と語りかけた。それに対してヘニングセンは池田との対談を待ち望んでいたと応じた上で、さらに国民高等学校とSGIは深い共通性を持っていると語り、その基盤となる創価の教育思想について関心をいだいてきたと述べている。

ここで筆者が注目するのは、国民高等学校はデンマークにおける私立の「学校」であるが、SGIは「創価学会インタナショナル」という宗教法人である。その異種と思える機関であるSGIから「もっと学びたい」と言うヘニングセンの言葉から考えると、ヘニングセン自身がSGIを教育機関の一つと見ているのか、それともグルントヴィがそうであったように宗教者、詩人、思想家などの顔を持つ池田への敬愛の念を表したものと思える。

対話

さらにその後の頁では「私はキリスト教思想の立場、会長（池田）は仏教思想のお立場です」と述べた上に、「『平和教育』と『文明間の対話』『宗教間の対話』に貢献できるのであれば……」と語っていることから見て、この本における対話内容は一国の教育問題ではなく人類的視野に立っての対談であることを両者は自覚していることが分かる。

また池田は宗教間の対話という観点からか、冒頭より仏典を提示する。「過去の因を知らんと欲せば其の現在の果を見よ　未来の果を知らんと欲せばその現在の因を見よ」。いわゆる因果論である。一般にも「教育は百年の計」という言葉があるが、デンマークの今日があるのは約一八〇年前にグルントヴィとコルが始めた教育改革を「因」として今日の「果」があると池田は讃えているのである。

因みに、この対談での池田の仏典（釈迦の経典や日蓮の論文、手紙など）の引用は三六回に及んでいる。池田がこれまで行ってきた数ある教育対談本の中でも数多い引用である。

これに対してヘニングセンも聖書等を引き合いに出して応答しているのが特徴と言える。

これは、キリスト教（福音ルーテル派）が国教であり、グルントヴィもヘニングセンも牧師であったことから、池田は互いの人間教育を語り合う基盤として宗教間の対話は必然のことであり、仏典の提示が相互の理解を促進すると考えたと思われる。

しかも、どの章における対談でも両者の考えは共鳴し合い、相互啓発がなされていることもこの対談の比類なき特徴である。

このことはまたデンマークと日本のみならず今後、他国の読者に対しても大きな啓発を与えるものと思われる。

本文の「『対話』と『啓発』」（二〇頁）の項では、国民高等学校では、成績もなく試験もしない理由についてヘニングセンは、試験をすれば特定分野の特別な関心をもった学生しか集まらない。したがって対話の場が狭められると語る。そして対話はわれわれが人間としてもっている共通の問題に取り組むためのものだと述べている。

さらに対話による「生の啓発」で自分を高めた人間が「民主主義の担い手」となって社会を良くしていくと説明する。なお「教育」という言葉については、どこか狭小的で自己本位的な意味が感じられるが、「啓発」という言葉にはさまざまな意味があり、「教育」よりもはるかに広い視野に立つと述べ、「啓発」には社会的な側面や普遍的な側面が含まれると語る。

それを受けて、池田は「教育の本質」について牧口の、「知識の伝授即詰め込み主義にあらずして、啓発主義、学習指導主義である」の言葉を引用して、国民高等学校の理念と深く共鳴していると語り、さらに「対話」こそ、人間の証しであり教育の根本であると強調する。

両者のこうしたやりとりを読むにつけ、近頃、巷間語られる「若者のコミュニケーション能力の欠如」という次元とは全く異なる哲学的対話がなされている。池田が国民高等学校のことを「まさに、ソクラテス的な『生きた対話と触発の広場』ですね」と評しているところにこの対談の深みと重みが感じられる（二二頁）。

師弟論

池田はまた、本文冒頭からグルントヴィについて語っている（九頁）。その後、コルについても触れたのに対して、ヘニングセンは「国民高等学校が、デンマーク社会に根を張り、発展していく原動力となったのが、後継者のコルです」とむしろ弟子であるコルの功績を讃えている。

また「私たちは現在、デンマーク社会の発展に重要な役割を果たしたグルントヴィとコルの思想を、世界的な規模で応用しようと考えております」と語り、齢八二歳（当時）にしてなお弟子の道を歩もうとするヘニングセンの心意気が伝わってくるようである。

前述の野田義夫がグルントヴィとコルの関係を「一体心身」、「両人の熱血」と表現した師弟の気概が、今もヘニングセンやアスコー校に厳然と引き継がれているのである。

これを受けて池田は、先師牧口が『創価教育学体系』の「緒言」にグルントヴィとコルの間に師弟の営みがあったことを恩師戸田から何度も聞かされており、欧州旅の第一歩はデンマークに決めていたことを明かし、そのときの胸中を「貴国への敬愛とともに、恩師への報恩感謝の思い」があったからだと述べている。つまり、教育改革への基盤は国民高等学校もSGIも師弟論がその中心軸にあるのではないかと筆者は見ている。

生涯学習

国民高等学校はデンマークではフォルケホイスコーレ（Folkehøjskole）と呼ばれており、「フォルケ」とは「民衆」と訳される。試験はなく一八歳以上であれば年齢に制限なく誰でも入寮（全寮制）して学ぶことができる。

また、科目の選択や学習期間も選択できるため、世界中から留学生が集まっており世界に開かれた「生涯学習」の学び舎となっている。

デンマーク人のほとんどが一生に一度はこの国民高等学校と関わりを持つという。日本の学校制度にはない教育機関であり、日本人には理解が容易でない制度である。

ここでの学習法は「対話」と「啓発」である。

勿論デンマークの生涯学習の場は、国民高等学校だけではない。

澤野由紀子（二〇〇四）によれば今日、デンマークには多種多様な成人教育の場があり、さながら「成人教育のジャングル」と表現されるほどである。所轄も教育省、労働省、文科省などに分かれるという。法律も一九九一年にそれまでの「余暇活動法」が廃止され、新たに「民衆成人教育法」が制定されている。国民高等学校は教育省所轄の数ある中の一つに過ぎないが、こうした生涯学習の歴史と発展の基盤にグルントヴィの教育思想が影響を与えてきたのである。

人間教育とは何か、二〇〇五年三月までの三五年間小学校教員を勤め、二〇二四年現在も大学教員を勤める筆者にとっては、常に古くて新しい課題である。

我が国で六・三・三・四制の学校時代を過ごし、小学校教員をしながら夜間大学院で学位を取得するというリカレント教育も経験するうちに、デンマークの教育と出会った。

一九九八年に大学院の研修旅行で初めてデンマークを訪れた時の印象は今なお忘れ難いものがある。コペンハーゲンでもオーデンセの街でも行きかう人々は皆フレンドリーで親切であった。日本人は外国の人には親切だと言うが、デンマーク人は外国の人だから親切なのではなく誰に対しても親切なことが、デンマークを訪れる度に分かってきたのである。

しかも、大人だけではない。子どもたちは、好奇心も手伝ってか、より以上にフレンドリーで親切であった。

デンマークはよく「童話の国」「お伽の国」「子どもの天国」などと言われるが、全くその通りであるという実感を重ねてきた。

翻って、我が国の子どもたちはどうであろうかと振り返ってみると、テストと宿題と習い事や学習塾通いに追われる生活、あるいは競争主義の部活など、ストレス一杯の日々を過ごしている姿が思い浮かぶのである。

本来持っている子どもらしさは万国共通ではあるが、「社会のために」適応を余儀なくされる子ども達の姿を見るにつけ「教育のための社会」へのパラダイム転換の必要性を痛感せざるを得ない。

彼の国との違いはどこから生じているのかと調べる内に、グルントヴィという人物を知ることになった。

国民高等学校の創案者である。しかし、これを実行して行ったのは、弟子のコルであることも知った。言わば師弟による共同作業で実現してきたのである。

師弟の関係で改革を実現した例は、我が国にも無いわけではない。例えば吉田松陰の松下村塾、緒方洪庵の適塾などがそれである。

ただし、いずれの改革も教育改革に焦点を当てたものではなかった。

我が国において教育に焦点を当てて改革を試み、実行した師弟がいるのかどうかと考えるうちに思い当たったのが、牧口であり戸田であり、池田であった。

しかも「子どもの幸せ」、「民衆のための教育」、「対話主義」など、その教育哲学はグルントヴィやコルの思想と重なっていることに驚いたのである。

グルントヴィの教育思想を堅持してデンマークでも名門と言われるのがアスコー校である。

本文「交流の歴史」で挙げた先覚者たちがこぞって賛嘆し憧れた国民高等学校である。

筆者は幸運にもマーク・神尾を通じてアスコー校を訪問し、元校長ヘニングセンと語り合える間柄となった。

そのヘニングセンが池田と対談集を編むと聞いたとき、「これで日本の教育も少しは変わるであろう」と大いに期待したものである。

ところが現実は然にあらずで、現職教員（当時）の立場で教育界を見渡していても何の変化もなく、いじめや不登校も学級崩壊も減ることなく、むしろ深刻化して慢性化している。加えて為政者による教師へのバッシングも顕在化しており、子どもも教師も萎縮する社会に変貌しつつある。そのため、昨今は教職希望者も減少しており、日本社会は益々、混迷の度を深めているのではないかというのが偽らざる実感である。

対談者双方を知り、何度もアスコー校を訪れた者として後継のために書き置くことが私に与えられた使命ではないかと思ったのである。

対象とした書物は会話文で構成された対談集であるため、論文のように系統だったものでなく、多岐多様に話が展開されている。

そのため、論文としてまとめるには困難もあったが、筆者なりのキーワードを設けることで、両者の対話の深淵に多少なりとも迫り得たのではないかと考えている。また、この本が、幅広く、深く対話する両人の「友情の語らい」を、永遠ならしめる一つとなることを願っている。子どもの幸せを願うすべての人々に対して、何らかの示唆を与えられるなら幸いである。

第二章　対話による啓発

一章では、グルントヴィと牧口における人間教育の目的を「子どもの幸せ」にあることに言及した。その上で牧口、戸田を師と仰ぐ池田と、グルントヴィとコルを師と慕うヘニングセンとの対談の内容を「対話」、「師弟論」、「生涯学習」の三つの視点から考察することを提案した。

本章では、対談集全体を上の三つの視点から考察するとともに、池田・ヘニングセン両者が持つ教育論および構想が深い理念部分で共鳴しており、且つ実践的に遂行されつつある様を紹介する。

なお、筆者は二〇一三年八月二〇日から一〇日間に亘って、一四名の希望者を引率して六度目のデンマーク研修を行い、その途中、ヘニングセンとの語らいの場を持った。

また、一一月にはデンマークからの日本旅行者、二三歳の青年E君のショートステイを我が家で受け入れ、デンマークにおける若者文化について語り合った。さらに一二月にはデンマークの女性ジャズシンガーソングライター、アンナケイを案内して広島市を訪れ、原爆慰

アンナケイと広島市長の懇談（筆者撮影）

霊碑に献花すると共に、広島市長をはじめ平和文化センター理事長らとの会談の場にも同席した。

筆者のこれら一連の行動も、池田・ヘニングセン対談に触発されたものである。

両者における人間教育の思想理念が心ある人々の間で共有され始め、両国民の人間交流という形で友情、平和、連帯という方向に進み始めていることを実感している。

本章では、池田、ヘニングセンの人間教育論が、子どもの幸せという教育のミクロから世界の平和、人類の幸福という教育のマクロまでを鳥瞰している様を読み解き、世界における「教育のための社会」実現の必要性について考察する。

1. ヘニングセンに五つの質問

第一章で筆者は、グルントヴィも教育の目的を「人間の幸福」としていると述べた。しかし、文献上、明確なものが確認できていない。そこで八月にアスコー校を訪れた折に直接ヘニングセンに会って確かめてみた。

彼の答えはこうであった。

「グルントヴィは『幸福』という言葉は使っていないが、人々の『微笑み』とか『喜び』という言葉を使っている。底流では、牧口の考えと同じと言える。したがって、あなたの見方は間違っていないと思う」と。

その他、次の四つの質問をした。

質問二　池田氏はあなたとの対談集の中で、多くの仏典を引用しているが、そのことについてどのように受けとられているか。

答え　確かに池田氏は仏典を多く引用されている。それは、読者の理解を促進するために使われている。私も、若い頃から先輩に、本や論文を書くときには多くの引用をするように教えられてきた。

私自身は聖書の引用はしていない。それは、グルントヴィはデンマーク人であり、牧師でもあるのでデンマーク人には分かるからだ。池田氏との対談によって、誰よりも池田氏が深くグルントヴィを理解していることが分かる。

筆者の感想　対談集を読んだとき、池田が引用する仏典の数々をクリスチャンであるヘニングセンが理解できるのか、何のために引用されるのかと疑問を持ったが、この回答を得て、氏は引用の意味と内容について充分に理解されていることが分かった。

また、難解な仏典の引用が多いが、それを池田は読者にも分かりやすく解説し、且つグルントヴィ理論の理解に結び付けようとしている。

一方、グルントヴィの著作についての理解は、デンマーク人にとっても難しいとされており、日本語に翻訳されたものはなお分かりにくい。

池田の巧みな引用と解説によって同じく難解とされる仏典とグルントヴィの考えを的確に捉えて融合させていることを感じさせる。

その背景には、牧師であるグルントヴィとヘニングセン、仏法者である池田の間に宗教間の対話および教育観の対話が成立していると考えられる。

質問三　二〇〇四年にデンマークにおいて「アスコー池田平和研究会」が設立された折、ヘニングセン氏は会長に就任されているが、今日（当時）、日本国外における『池田思想研究会』は中国が最も多く二一の大学において設立されているが、設立の趣旨や内容に違いはあるか。

答え　「アスコー池田平和研究会」は、デンマークＳＧＩが中心となってコペンハーゲンで設立されており、私はその会長を務めている。

中国の『池田思想研究会』について私自身は関知していない。「アスコー池田平和研究会」の設立の趣旨は、機関紙『ＡＩＳ』（ASKOV IKEDA STUDIEKREDS）に設立の趣旨が書かれているのでそちらを参照していただきたい。

筆者の感想　対談集の中でも、ヘニングセンは、中国の教育については一言も触れておらず、したがって中国における「池田思想研究会」についても関心を持っていないように思われた。ソクラテスやプラトン、キルケゴール、シュバイツァーなど、西洋の哲学者、思想家についての発言は見られる。また、教育者についてはグルントヴィ、クリステン・コル、クラウス・バーセン、クヌッド・ハンセン、ヴィルヘレム・グロンベック（宗教歴史家）などのデンマーク人。英国の詩人ウイリアム・ブレイクなどの名を挙げている。

氏は別の折の私との会話で、ジョン・デューイの教育論よりもグルントヴィの方が優れていると思うとも語っていた。その上で、「池田氏との対談集ではグルントヴィの理念と創価教育の理念が多くの部分で共通しており、むしろ池田氏の教育者としての行動に学ぶものが多い」と語っていた。先に述べた、「池田氏がグルントヴィのことを最もよく理解しておられる」という発言ともつながっている。

質問四　池田氏は兼ねてより司法、行政、立法の三権に加えて、教育権の独立を提唱しているが、これについてどのように考えておられるか。

答え　教育権の独立の必要性と重要性については、池田氏との対談でも触れており、考えを共有している。デンマークの中でもそのような研究会がいくつか立ち上がっている。実は、アスコー国民高等学校そのものがそうした存在であると考えている。

筆者の感想　我が国とデンマークの教育制度の違いは大きい。例えば、デンマークの小中学校のカリキュラム編成や学校運営については、各学校に任せられており、教員、保護者、そこに生徒の代表二名も加わって理事会が構成されており、教育委員会制度も廃止されているデンマークである。にもかかわらず、ヘニングセンのこの頃の講義では、デンマークにおいても経済至上主義が台頭しており、政治家の間でグルントヴィの人間教育が軽んじられていることを危惧しているとの発言が目立っている。つまり、デンマークでも教育の独立性が後退し始めているとの認識を持っているようである。これについてはさらに後述する。

質問五　池田氏は地球環境問題について、各国の政策担当者だけでなく教育現場に携わる人たちの交流を進めるための「世界教育者サミット」の開催を提唱しているがどう思われるか。

答え　今は、デンマークの教育現場でも学力競争が台頭しており、そうした風潮の社会に教育が脅かされている。

二〇年前まではここデンマークは、学校で色々な学びができ、教育そのものに意味があった。今の教育は社会で金を作るためのもの、国家のための教育になりつつある。池田氏が言う

「社会のための教育」から「教育のための社会」へのパラダイム転換が必要である。人類の平和と教育の独立を守るサミット、『教育のパグウォッシュ会議』が必要である。私は、若い皆さんにそれを期待している。

筆者の感想　帰国後に知ったのであるが、池田は二〇〇二年八月二六日から開催されたヨハネスブルグでの「世界環境サミット」に向けての環境提言を発表していた。丁度その時期に筆者らは、バイエン市の公立小中学校を訪問して授業を参観していた。その授業中に、突然、中学3年生の2名が振り向いて私たちに質問をした。「私達は八月二六日にヨハネスブルグで開かれる世界環境サミットに学校を代表して参加します。私達は日本の『環境問題』を担当しています。日本の環境教育はどうなっているか教えてください」と。

我が国の環境教育については、二〇〇〇年度から施行された新学習指導要領の総合的学習の時間に組み込まれてはいたが、世界環境サミットに中学生が出席する程の実践例は聞いたことがない。しかも、デンマークにおいて「日本の環境問題」を調べているという。

デンマークの一地方都市であるバイエン市の公立学校で環境問題に対してこれほどまでに高い意識を持っていることに驚くと共に、日本の教育界の意識の低さを恥じたものである。

なお、対談集においても環境問題は大きな比重を占めており、池田は、早くから、地球の環境問題に警鐘を鳴らしており、ＳＧＩの事業として環境保護事業の一つとして一九九二年にはブラジル、マナウス市に「創価教育研究所アマゾン環境研究センター」を設立していたのである。

このように池田は早くから、単に学校教育の範疇だけでなく、地球規模の国際的な環境教育の視点で活動してきたことに気づかされたものである。

2．対話の観点から

民衆を鼓舞する歌の力

これは対談集三三頁の見出し文である。

デンマークでは「皆で歌う」習慣があることが語り合われている。第二次世界大戦時ドイツの占領下にあってもデンマークではグルントヴィ作詞の歌をはじめ、よく知られた珠玉の歌唱集を歌ってきたという。これについて池田は、戸田城聖の「民族の興隆のときには、必ず歌が起こる」という言葉を引き、創価学会においても、庶民の歌声、青年の歌声を大切にしてきたと述べている。

二〇〇二年以後、六回にわたって訪れたアスコー校の訪問で見たことは、講堂に四〇名ほどの地域の大人たちが集まり、コーラスやフォークダンスを楽しみ交流することが恒例となっていた。

その折、参加者たちが手にする「ホイスコーレ歌集」には五七二曲中にグルントヴィの詩も七〇編入っている。

また、研修で参加していた創大生・学園生たちも、併設されているエフタースコーレ（継続学校）の生徒達との交流会で、母校の学生歌や愛唱歌を歌い、折り紙を作り合うなどの交流を楽しんでいた。さらに、同様のコーラス交流は、彼らが見学訪問する小中学校でも必ず行われていた。このようにデンマークの各地では共に歌うことで心の交流を図る伝統がある。これも対話を大事にする姿であると思われる。

アスコー校には、クリスチャン・ラクールという音楽の先生がいて、北欧にあるフォークソングを、ギターを爪弾きながら美しく歌い、ピアノで弾き歌いしながらコーラスを指揮する。

また、日本からの参加者である創大生・学園生と私たちを自宅に招待して、ティーパーティーを開いてくれる。奥さんのエリザベスさんもバイオリニストで、音楽学校の先生をされている。そこでは学生たちのリクエストに応じて「故郷《ふるさと》」を日本語で合唱し、池田大作作詞の「母」の曲を奏でる。するとその場は麗しき歌声の人間交流の場となる。

民主主義と対話

四二頁からは、「民主主義こそ戦争をなくす最後の手段」と題した対談となっている。

池田は「戦時中、軍国日本は、アジアの国々を蹂躙し、あまりにも深い傷跡を残してしまった。我が国がアジアのなかで信頼を得ていくためには、歴史と向き合う真摯な姿勢を、人々の心に届く明快な言葉で示し続けていかねばなりません」と語る。

これに対しヘニングセンは、「不戦の世紀へ、尊きご尽力を続けておられる池田会長のご信念に心から賛同します」と述べ、「多少なりとも民主主義が根づいた国々では、その国民の意思によって、互いに戦争をしかけるのを防げるはずです」と述べている。

今日、ヨーロッパ諸国間での戦争が考えられなくなったのは、その下地に民主主義が根づいていることを示唆しており、ＥＵ諸国の存在がそれを物語る。

更に池田は「民衆を不幸に陥れる悪に対しては、堂々と発言していく勇気を持たなくてはなりません。それが、民主主義の根本だと確信します」と述べる。

この対談集が発刊されたのは、二〇〇九年一二月である。その後の日本と世界を取り巻く政治の状況はいわゆる右傾化に偏り、両氏が語る民主主義の方向性からは遠ざかっているように思われる。さらにこの本を書き始めた二〇二四年は、ロシアとウクライナで、またパレスチナ・ガザ地区を支配するハマスとイスラエルの間で戦争状態が続いている。

世界いずこの国においても民衆が堂々と意見を述べる勇気と対話力、そして団結する力、すなわち民主主義を強化する必要に迫られている。その根っことなるのが人間教育であり、二人が目指す人間主義の道である。

生のための学校

これは一四五頁の見出し文である。

ここでは、グルントヴィは、自身の経験から、権威主義的な教師のもとでラテン語の文法や文学を形式的に学ぶという知識を詰め込むだけの学校を「死の学校」と呼んだ。それに対して「何のため」に生き、学ぶのかを明確にした学校を「生のための学校」と名づけたと、ヘニングセンは語る。

清水満（一九九六）はグルントヴィの次の言葉を紹介している。「あらゆる国民は、死の学校を知っている。というのは、どこの学校でも大なり小なり文字で始まり、本の知識で終わるからである（中略）数学や文法だけが心を破壊し、死なせるものではない。子ども時代、人が心と体の適正な発達に至る以前に、学校で頭を使うあらゆることが、すでに無益な消耗なのだ」と。

また、「生の学校」については、「地方の小さな教会に集まる敬虔な祈り、貧しき信徒たちの会衆の中で、遠い昔のつわものどもの神々たちの息吹をのせたデンマーク語が語られるとき、その言葉こそが、『生きた言葉』であるのです。それゆえ、こうしたデンマーク語で、生きた言葉で語りあう学校では、死んだ文字の書物による教授、暗記、詰め込みは廃止され、人々は経験を重ねる中で心の奥底に目覚めた生命のほむら（焔）を口に出して語り合い、耳を澄ます場となるのです」と書いている。

今日においても、このグルントヴィの考えは生きており、教室における授業スタイルは教師と子ども、子ども相互の対話形式で進められている。

しかし、教育のグローバリズムの影響か保護者の意識の変化もあり、最近では小学校低学年の読み書き学習も取り入れられている。これについては後述する。

両者の対談集では、グルントヴィが否定した「文字による学習」については触れず、「何のために学ぶのか」という目的観を明確にするところに「生のための学校」があり、「教育の本義」があると合意している。

ヘニングセンはさらに、人生は常に人と人の関係性のなかに存在するものであり、そこに対話があり、「生の啓発」が重要であると強調する。

学力主義が進む我が国教育界にあっては、「何のために学ぶのか」という目的意識が曖昧で、安易な競争主義に陥っていることへの大きな警鐘となっている。

生きた言葉と死んだ言葉

これは一六四頁の見出し文である。

ここで、ヘニングセンは国民高等学校の講義は「生きた言葉」による「対話」を土台にしており、「生きた言葉による相互作用」が講義をはじめ教育の一切の原動力となるべきであると語る。

「生きた言葉」の要件は何かという池田の問いに対して、それは「真実」、「強さ」、「愛情」であると答える。では、「死んだ言葉」とは何かといえば、「うわさ話」、「嘘」、「デマ」を挙げ、さらに「冷たい言葉」、「形式だけの会話」、「無駄話」、「儀礼的な言葉」、「くだらない内輪話」などを挙げる。

これに対して池田は、「励ます」という意味の英語「encourage」を例示した上で、釈尊の言葉「梵音声」について説明する。その言葉は、「無智の闇」を打ち破る、「日の光」と譬《たと》えられ、太陽が昇れば、闇が晴れるように、生き生きとした言葉の力による対話の重要性を語る。

アスコー校で受けてきた講義を振り返ってみるとその「生きた言葉」で語られていたことに気づかされる。殆どの講師がそうであったが、特に印象に残っているのはデンマーク南大学、イエンセン准教授の創大・学園生に対する「良い先生になるには」の講義であった。

知識や理論を語るよりも実践と経験を生き生きと語り、一人一人の質問を受け、且つその一人一人を認め、励ますという対話形式の授業に皆が引き込まれていた。説得性、感動、ユーモア、そしてアクション、どれをとっても教員である我々も大いに学ぶべきものがあった。同行した女性小学校教員も、「私達も心を入れ替えないといけない」と感動とともに、大いに反省もしていたものである。

ヘニングセンも座右の銘の一つとして「あらゆる訓育は、学生と教師の相互作用のなかでなされねばならない」を挙げ、対話による授業の重要性を語る。

我が国もかつては「生きる力を育む」とか「心の教育」を進める機運が高まり、子どもたちの自主性、自発性を育む取り組みもあったが、今では、それが学力低下を招いたとの批判に遭い影を潜めてしまった。その反動として学力主義と管理主義、競争主義が加速している。現場の後輩教師達の姿を見ていても、そのカオスの渦の中に飲み込まれて理想と現実のギャップに苦しんでいる現状がある。

「教育者こそ、社会の宝」、「教育者を大事にする国こそが、本当の『教育大国』です」と語る池田の言葉は傾聴に値する。

ソクラテスの間接伝達方式

二三五頁では、ヘニングセンが教育者に勧めたい教育論として、ソクラテスの間接伝達方式を挙げている。

これは「助産師的な手助け」、助産術と呼ばれ、教師が生徒達に質問を投げかけたり、問題提起をする。生徒達は、自分で考え、問答しながら答えを出していくという方法である。この方法は、ソクラテスの母が助産師であったことから、真理探究の対話を、子どもを産むことを助ける「助産術」に譬えたとされる。

池田は、「真理は、相手の魂のなかにすでに宿っている。こちらが与えるのではなく、真理が目覚め、誕生するのを手助けするのが、ソクラテスが言う対話の意義です」と語り、教育も、本来、子どものなかに備わっている英知を目覚めさせ、引き出す手助けであると言う。

一方、ヘニングセンは、「教師が間接伝達方式を取れば、真理や真実を、生徒が自分自身で求め、考える姿勢を向上させ、生徒の独立心を育む」と応じる。

確かにヘニングセンが担当する授業では、学生に問いかけ考えさせるという場面が多かった。もう一つの事例を紹介する。

ヘニングセンの問いかけは「今日、科学技術の発達によって、月旅行は可能となったが、将来、あなたは人類が月に移住できるようになった方が良いと思うか」というものであった。ヘニングセンの問いかけは未来志向で、実現の可能性はあるが、正解のない問いである。

学生達は、色々と考えながら答えていた。地球はやがて資源が枯渇し、人口も飽和状態になるから月に住みたいとする者。科学の発達によって、充分に月に住めるであろうから移住するという意見の者。かつて「地球は青かった」と語った宇宙飛行士の感想から、地球環境を守ることの方が大事であるとする者。月に移住すると国境はどうなるのか、言語はどうするのか、家族で住めるのか不安が多いので行かない、などなど議論百出であった。

何よりも、尊敬するヘニングセン先生が、一人一人の発言に耳を傾け、頷いている姿を見て学生達は大いに自信を付けたに違いない。当然、問いに対する結論は出ていないが、これらの問いかけによって、学生達はおそらく日本の授業では、考えてもいなかった事を考え、意見を交流し、自分の考えを発言できる自信を持ったようである。こうした対話、「生の啓発」による授業によって、帰国後、見違えるように立ち直った学生達が数多くいる事を筆者は知っている。

裏を返せば、日本の学校教育に欠けていることが、この学校では常時行われており、これが対話を中心とした「生のための学校」の姿である。

3. 師弟論の観点から

アスコー国民高等学校の「池田池」

これは五〇頁の見出し文である。

これまで「池田池」の命名、創大生たちのアスコー研修、池田池フェスティバル、について述べたが、これらの切っ掛けとなった出来事は、二〇〇〇年九月に遡る。当時アスコー校の校長であったドックバイラーと、ヘニングセンがマーク・神尾と共に来日して池田と会談していた。その折の模様は雑誌『第三文明』の二〇〇三年一〇月号で池田がくわしく書いている。

その中で、師弟論については、「(牧口が) 一九三〇年に発行した『創価教育学体系』の「緒言」で、愛弟子である戸田城聖第二代会長を讃えて、グルントヴィの弟子コルの姿に重ね合わせている。そして出藍の弟子の存在の重要性を記されているのだ」と述べ、さらに、「この縁を、ドックバイラー校長も、ヘニングセン元校長も、よくご存知であり、私は驚嘆した。いな感動した」と綴っている。因みに、池田が語った、「出藍」とは「従藍而青」のことで、弟子が師匠を乗り越えることを意味する。

一方、ヘニングセンは対談で、「師・グルントヴィの構想を実現しようとした弟子・コルの戦いは、牧口会長のご構想を現実のものとしようとされた戸田会長、そして貴殿（池田）の不屈の闘争と驚くほど類似しております」と語っている。

ヘニングセンのこれら一連の発言について考えると、創価教育に関する師は牧口で、弟子は戸田と池田であるという認識を持っていたと思われる。

そして「貴殿の不屈の闘争」と語る背景には、保守的な教会権力と戦い続けたグルントヴィと同様に、保守的、権威的となった日蓮正宗宗門との闘争に屈しなかった池田の姿と重ね合わせている。

アスコー校前の古代池に対して、牧口、戸田の名ではなく、「池田池」と命名されているのはその証しである。

「試験のない国」の揺らぎ

八六頁の見出し文である。

今日、「生のため」の教育大国、デンマークにおいても揺らぎが生じているとヘニングセンは語る。

「今日、デンマークの教育は、とくに政治家の間で、あらゆる面で国際的な基準に目が向いています。政治家にとっては、ＯＥＣＤ（経済協力開発機構）から発表されるすべての指標が、グルントヴィの思想よりもずっと重要視されているのが現状なのです」と。

また、「テクノクラート的な思考法は、教育分野のすべてに蔓延しており、多くの人々が憂慮している」とも述べている。

近年、デンマークにおいても経済至上主義が台頭し始めており、ＯＥＣＤが行うＰＩＳＡ「学習到達度調査」の結果が、グルントヴィの思想よりも重要視されだしたことをヘニングセンは嘆いている。

二〇〇〇年から三年ごとに実施されているＰＩＳＡの国際学力調査テストであるが、我々が三度目のデンマーク訪問した二〇〇五年までは、アスコー校でもそれほど話題には上っていなかったと記憶している。それに対して日本では、二〇〇三年の実施時点で前回の一位ランクから、後退したことでその時の「ゆとり教育」が批判されて忽ち「学力競争主義」が復活して今に至っていることは周知の通りである。

当時、筆者も小学校教員として現場に居たのでその混乱ぶりをつぶさに経験している。

そのため、筆者は当時来日していた北欧アカデミー書記長のハンス・ヨーゲン・ヴォスゴー氏に、デンマークにおけるＰＩＳＡテストについての考えを尋ねた事がある。

その時の氏の答えは「あのテストはＯＥＣＤがやっているので教育とは関係がない。デンマークでは、誰も気に留めていない」という話であり、「さすがにデンマークだな」と思っていたのであるが、筆者の最近の調べでは、首都コペンハーゲンの政治家の間では、二〇〇〇年、二〇〇三年のＰＩＳＡの結果を見て、既に順位を上げるための教育方針、つまり学力主義が芽生えており、二〇〇六年には、義務教育の就学年を七歳から六歳に引き下げる改革をしていた。また、学校での教科授業時間を大幅に増やしており、発想としては、当時の日本と同じ方向へと進み始めていたのである。

とは言っても今でもグルントヴィの対話教育が根付いているデンマークと元々経済学力主義の我が国の現状とは、比較にならないのだが、デンマークでも大きな方向転換が始まったことは確かである。

日本社会は本音部分では今でも、学力偏差値の高い学校が良い学校とされ、良い高校、良い大学を卒業して、良い職業に就くことが教育の役割であるとされていることは否定できない。そのため大学生の間でも良い職業に就くための「就活」や「即戦力」「経済効率」「費用対効果」などの言葉が日常的に語られているのが現状である。

かつて筆者が学んだ武庫川女子大学大学院の恩師で「教育社会学の大家」と言われた、故新堀通也先生も二〇〇五年、筆者と二人だけの最後の対面授業で「寺田さん、日本では、いくら教育を研究し、力を入れても経済には勝てなかった」としみじみ述懐されていた言葉が今も耳朶に残っている。

このように、筆者から見ればまだまだ大丈夫なデンマークではあるが、「未来の果を知らんと欲せば其の現在の因を見よ」との仏典の戒めを知るヘニングセンから見ると重大な問題であったに違いない。

このことを裏付ける話は、二〇一三年夏の訪問でヘニングセンから何度も聞かされていた。「池田先生はデンマークの人間教育を褒めてくれますが、それは昔のデンマークです。今のデンマークはそうでないことを是非知ってほしいのです。皆さんからも伝えてほしいのです」と、まるで遺言とも思えるような表情であった。

そして、その翌日、八月二三日に、アスコー校内講堂で「アスコー池田池セミナー」が開催され「啓発と教育の関係性」と題するヘニングセン最後の講演が行われたのである。講演の詳細は、後述する。

そして、その年の一二月一四日に、ご逝去された。

墓参を兼ねて、訪れた翌二〇一四年夏、対面したイエンセン女史からも「今や、グルントヴィの思想は政財界からは無視されています。そのためグルントヴィに関する本を書いても扱う出版社がありません」という話を聞かされていた。

思い返せば、グルントヴィ研究者の間では既にデンマークにおいても対話教育の衰退が切実に危惧されていたのである。

二〇一三年の秋、我が家にコペンハーゲン在住の二三歳の青年E君が四日間滞在したことは、すでに述べた。彼はグルントヴィも、コルの名も知らなかった。日本では広く知られている「ノーマリゼーションの父」と呼ばれるバンク・ミケルセンの名も聞いたことがないという。筆者は大いに驚いたが、よく考えると無理もない。

彼の興味は、ＩＴ機器やスマホを操って、フェイスブックやブログをし、そしてスカイプを使ってデンマークのガールフレンドや家族とテレビ会話を楽しむことであり、タブレットＰＣで英語表記の日本の漫画『ワンピース』を読むことであった。そして、京都や奈良の観光地の他に行きたいところはないかと聞くと、「ゲーセン」（ゲームセンター）に行きたいという。思えば、デンマークは日本以上にＩＴ先進国であった。

それでいて彼は、大変礼儀正しく、地元地域では有能なサッカープレイヤーであり、快活なスポーツマンである。仕事はコペンハーゲンにある有名な博物館のガードマンとして勤めていた。将来は、刑務官を勤める父親のように、人に役立ち、感謝される仕事に就きたいと語る。寸暇を惜しんでタブレットＰＣで、日本語の勉強もする好青年ではある。

ユトランド半島にあるアスコー地域とシェラン島にある首都コペンハーゲンとの地域差も関係あるように思われる。

このようにヘニングセンが抱く危惧に対して池田は、「私は、牧口会長の教育思想を踏まえて、教育に関する恒常的な審議の場として、政治の恣意的な影響を受けない、独立した機関、『教育センター』（仮称）を創設し、新しい教育のグラウンドデザインを描いていく役割を担うべきと主張してきた」と述べている。

教育権の独立についてヘニングセンは「グルントヴィがどんなに偉大であっても、デンマーク社会とデンマークの学校制度に与えた非常に深い影響が、必ずしも永久に保障されるというわけではない」と語り、経済中心主義の教育哲学でなく、人間中心の教育哲学をさらに世界に広めたいとの決意を披瀝している。

さらに次の言葉に着目しておきたい。

「人間の生が輝きと歓喜に満ちてこそ、社会も世界も必ず利益を受ける。そのためにも、グルントヴィの思想そして、池田博士の哲学と創価教育の思想の研究を、さらに発展させていきたい」

二人が言わんとすることは、師がどんなに偉大であったとしても、弟子から弟子へと引継ぎ発展させることが大事であり、それが人間教育における師弟論の急所であると訴えているのである。

恩師はクヌッド・ハンセン

九〇頁と三〇〇頁では、ヘニングセンの恩師、クヌッド・ハンセンのことが語り合われている。

ハンセンはヘニングセンをアスコー校の教員に採用した当時の校長であったという。彼はデンマークの宗教歴史家ヴィルヘルム・グロンベックやグルントヴィ、さらに英国の詩人ウイリアム・ブレイクから大いに啓発を受けていたという。

ヘニングセンが師ハンセンから受けた決定的な影響について、「それは、先生が示した西洋の伝統である個人主義と冷笑主義に対する文化的で批判的な反抗、そして、新しいより全体的な理解への探求をあげたい」と語る。また、ハンセンはグルントヴィ研究の大家であり、「まぎれもなくグルントヴィの弟子であった」と述べる。さらに、ハンセンはドストエフスキーとキルケゴールの研究家としても知られ、「グルントヴィとキルケゴールを融合させた形」で両者から影響を受けており、だれよりもグルントヴィのことを知悉していたという。

これに対して池田は、「ヘニングセン先生は、今でもハンセン博士に深い尊敬と感謝を捧げておられる。感動しました」と応じている。

実は、池田ほど彼の恩師、戸田城聖に対する深い尊敬と感謝の念を持ち続けている人物はいない。そうした師弟の感情を、ここで吐露したものと思われる。

前デンマークSGI理事長のヤン・モラーがアスコー校に在籍した時にクヌッド・ハンセンの講義を受けたという。モラーは当時二八歳、兵役を終えて、その後の人生を模索するためにアスコー校に入学していた。

その時の、ハンセンの講義はロシア革命に関するものであった。その結びで「フランス革命は政治革命、ロシア革命は経済革命であった。もし、次に革命が起こるとすれば、それは人間の内面の変革をめざした精神の革命でありましょう」と語ったという。

この言葉がモラーにとって、「人間革命」を説く、SGIへの入会動機となった。

モラーのその後の行動を見ると、マーク・神尾と共にデンマークSGIを足場にして、世界の平和と人間の幸福を追求する人生を歩んでいると言える。すなわち、池田を信仰の師、ハンセンとヘニングセンを教育の師とする師弟論の人生を歩み続けているのである。

二〇一三年夏のアスコー研修の折、八四歳のヘニングセンの病は進行しており、病を押して私たちの講義を担当し、先述の池田池セミナーでも講演したのである。

自宅は、徒歩で一〇分程度だが、帰路ヤン・モラーがヘニングセンを介助して車に乗り込むまで手を携えて歩いている後ろ姿を筆者は目撃している。

師グルントヴィと弟子コル

200頁の見出し文である。

コルは靴屋の息子として一八一六年に生まれた。グルントヴィとコルの年齢差は三三歳、簡素な教育しか受けていなかったコルだが、グルントヴィの影響下で創られた教員養成大学に入学する。その学校で「蘇生」を説く説教師と出会い、自身の中に「生」、「歓喜」、「強さ」、

「力」が生じるのを実感したという。「この体験がコルの人生を決定づけ、彼の『啓発』の思想の根底を形成するようになった」とヘニングセンは語る。その後コルは、グルントヴィの著書「世界の歴史」を読み始める。

やがてコルは、「生のための学校」を作るため家庭教師や小学校の代用教員をしながら苦労して資金を貯めた。しかし、それでも足りないため意を決してグルントヴィに援助を求めた。

グルントヴィはこの初対面のコルに資金援助をした。しかも彼の妻も資金援助に加わっている。

こうしてコルにとって最初の記念すべき最初の国民高等学校がフュン島のリュスリンゲに誕生する。一八五一年一一月、コルが三五歳のときであった。

池田はこの学校について次のように語る。「旧家を改造した、ささやかな手作りの校舎でした。しかし、それは貴国の教育史に輝く希望の出発」、「それは、師の理想を弟子が実践した第一歩でした」と。

ヘニングセンは答える。「私は、グルントヴィとコルの間には、とくにコルの側からは、まぎれもなく師弟の関係があったと思う」と。

しかし、こうも述べている。「グルントヴィは、いつも物事を全体観で見ていました。啓発についても、『民衆全体が啓発されねばならない』と考えていました」と。一方、コルが唱えた「覚醒」は、敬虔主義に根ざしており、コルにとって何よりも重要な仕事は、若い人を「覚醒」する、または、「鼓舞」することであったという。

ここに、「啓発」と「覚醒」という概念の違いが読み取れるが、グルントヴィの思想を「覚醒」という概念で捉えて実践に移すコルに対してグルントヴィは深い敬意を払うようになったという。これも師弟の関係である。

師匠は原理を示し、弟子は師匠の構想を実践し発展させるものと言われるが、この師弟論は、洋の東西を問わず重要な人間教育の原理であることを物語っている。

「弟子の勝利」が「師弟の勝利」

二〇九頁の見出し文である。

二〇七頁でヘニングセンは、創価学会における牧口と戸田の師弟関係に触れた後、こう述べる。「戸田会長の弟子である第三代会長の池田会長は、文化・教育・平和の対話を通して、その構想を世界的規模の運動へと拡大・発展されました」と。

これに対して池田は、戸田との邂逅について語った後、「私が恩師に師事してより、二〇〇八年で六〇年になります。戸田先生の弟子として生ききってきたことが、私の人生の最極の誇りです」と述べている。

この言葉に対してヘニングセンは「信仰における師弟は特に大切だと思います。これまで私は、創価学会の師弟の伝統について お聞きし、深い感銘を受けるとともに、師弟の重要性について多くのことを学ばせていただきました」と語る。

その後、池田は自身の持つ師弟観について語り始める。

要約すると、一、「師弟」とは、同じ理想を分かち合い、その実現に向かって戦う最高無二の同志である。二、「師弟」は、いわゆる「徒弟」や「主従」とは根本的に異なる。三、「師弟」は一方的な上下関係でなく、「平等な人間主義の結合」であると、師弟論の本質を述べた後、そこには「弟子の自発の『行動』」と「師匠の『慈愛』」があると結論する。

ヘニングセンはこの池田の師弟論に対して、グルントヴィとコルは教育のあるべき姿を求めて、同じ理想に向かって行動したという意味で「まさしく」師弟の関係にあったと賛同している。

この後、デンマークにおいても数ある国民高等学校の教育は、師グルントヴィよりも弟子コルの影響の方が強かったことが語り合われている。

筆者たちが訪れたバイエン市の公立幼稚園、私立幼稚園、公立小中学校・養護学校、私立小学校のいずれの学校においても、校長の説明にはグルントヴィの名よりは、コルの名前が必ず登場していた。まるで目の前にコル先生が居るかのような親しみと尊敬の念を持って語られていたのが印象的であった。日本では「先師」、「恩師」という言葉があるが、デンマークにおいては、グルントヴィが先師、コルが恩師、または、「大先輩」という感じの受けとめのように感じられた。このようにして、第一線の現場で、「生のための教育」を推進するその言動に、師弟の教育論の灯が燃え続けているように思えた。

4. 生涯学習の観点から

「生涯教育」の伝統

一七頁の見出し文である。

デンマーク人のほとんどが一生に一度は関わりを持つという国民高等学校である。

ヘニングセン自身も一九歳のときにアスコー校で学んでおり、「私にとって、国民高等学校との出会いは、その後の人生を大きく決定づけました」と語っている。

農閑期には農業者が入学、ビジネスマンも随時入学し、子育てを終えた女性や定年退職した人など多士済々の学生達が居るという。

この生涯教育、生涯学習の伝統が脈々と受け継がれているのが、グルントヴィとコルが築き上げた国民高等学校である。

私たちが、アスコー校に滞在したのは、いずれも八月であったが、私達のグループ以外にも、世界各地から参加した研修グループや、身体的にハンディを持った「自助グループ」の方たち、ヴェジタリアンの方たちも居て、互いに交流を結んでいる。

ヘニングセンは、国民高等学校の特徴を次のように語る。「国民高等学校で誰もが経験するのは、私達は皆、歴史的にも社会的にも、あらゆる面で『大きな全体のなかの一員』であるということです。そこではだれもが、あらゆる種類の学究者にありがちな『偏狭さ』に対する免疫力を身に付けていきます」と。

確かに、アスコー校のどの先生にも権威ぶった偏狭さを感じたことはない。皆、学生と同じ目線で対話する習慣が身についている。共同生活しているので朝食や昼食の時やコーヒーブレイクの時が対話のチャンスである。そんなとき、むしろ校長や先生の方から学生に話しかけている光景がよく見られた。

日本人教師には、そういう習慣がないことに気づかされる。

ヘニングセンはさらに語る。「そもそも教育的・社会的背景が異なり、信念も違う人たちが、一ヵ所に集まって寮生活をするとすれば、自動的に対話が始まらざるを得ないのです」と。

また、「ですから、国民高等学校には、成績もなく、試験も一切行っていません。試験を行うようになれば、特定の分野の人々や特別な関心をもった学生しか集まってこなくなり、対話の場がきわめて狭いものなってしまう」と。試験をしないことで対話の教育、対話力が育ってくると説明する。

日本には、学校給食というデンマークにはない制度があり、食事を共にしながらの対話の絶好の機会であるが、「礼儀正しく、静かに、速く」、と指導する向きが今なお残っている。また、栄養バランスを考量した食育教育も盛んであるが、ティーブレイクの時間やおやつの時間もない。

二〇二〇年からのコロナ禍の時は感染防止のために前を向いての「個食」「黙食」となり、会話に制限を加えていたことは、大変残念な事であった。

「継続教育学校」とは

九二頁の見出し文である。

「継続教育学校」はコルが創設したもので、デンマークでは「エフタースコーレ」と呼ばれる独特な学校のことである。この学校は義務教育段階の第八、九学年（日本の中学二、三年）とデンマーク独自の制度である第一〇学年の生徒が通う全寮制の学校のことである。在校期間は一年間で、入学試験はなく申し込み順に入学できる。学校数はこの数年間に大きく増えて、学生数も急増しているという。その理由の一つとして、「一五歳ともなれば、多くの子どもたちは独立心が強くなり、親元を離れて新しい環境を求めたり、将来の計画を立てるため、新たな自分の可能性を探る必要性が出てくる」と述べ、それぞれのエフタースコーレは様々な選択肢を用意しており、その選択肢の数は公立の学校よりもはるかに多いという。さらに、「全寮制のゆえに、より『全体人間をつくる』教育観を堅持しており、生涯にわたる友人や仲間を見つけることもできる」と語る。

池田は、そのような思春期に寮生活を経験する生徒と関わる教師のあり方について質問をしている。

それに対してヘニングセンは、「エフタースコーレでは、友人のような親しみやすい雰囲気で生徒に話しかけることが、大変重要である」と語り、続いて「（教師には）人間的な、人格的な適正さが要求されます。人々の人生や実生活に意欲的に関わりをもち、人に語るだけでなく、人の意見をよく聞く能力が必要です」と語る。

結論として「人間教育はカリキュラムでするものではなく、教育者の人格でするものです」と結ぶ。

ここにデンマークにおける人間教育と対話教育、生涯教育の考え方と実態が集約されている。

最後の人間教育は「教育者の人格でするもの」、「カリキュラムでするものではない」という言葉は非常に重い。

我が国の教育基本法第一条にも「教育は、人格の完成を目指し、平和で民主的な国及び社会の形成者として必要な

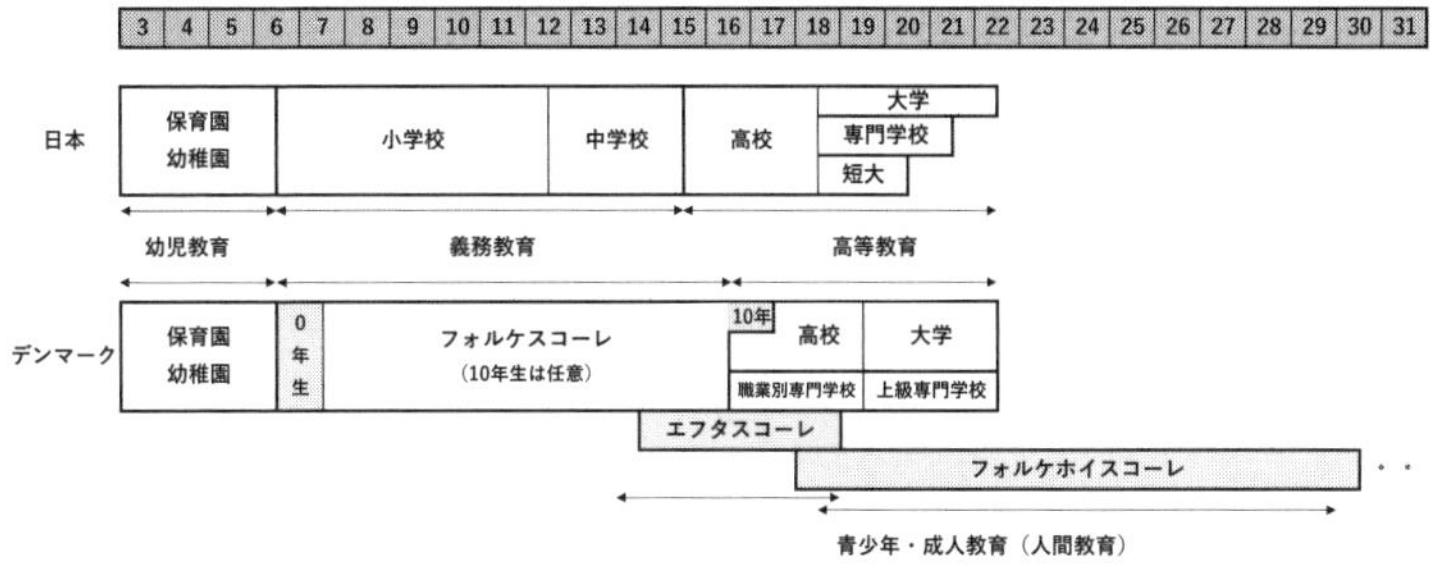

※市川（2019）、安井（2020）を参考に作成

教育制度の比較図

資質を備えた心身ともに健康な国民の育成を期して行われなければならない」と謳われているが、果たして、この目的が、如何ほど認知されているであろうか。特に、子どもよりも教師や大人の側に、この目的意識が薄れているように思えてならない。

こうした人間教育の実現が、決して画餅でないことを、デンマークの歴史が示してきたのである。

時代は変わっても、また国が違っても、「人格」や「心」を磨く教育への期待は普遍である。

ここで少し付言したいことがある。我が国の最近の研究視察報告に、エフタースコーレについて、「学習の遅れがあり、ギムナジュームに行けない生徒が、一年間学習する」という説明を目にした。これは間違いであると思う。

そこには、日本の受験教育に慣れ親しんだ人の先入観があるのではないだろうか。

アスコーエフタースコーレの生徒たちと交流してきた筆者から見ると先に述べた日本人教師の「不登校」や「いじめ」についての質問と同じ過ちを侵しているように思える。

ヘニングセンの説明に耳を傾けたいものである。むしろ反対に、「思春期の嵐」と呼ばれるこの世代の子どもたちには、我が国にもエフタースコーレのような学校があっても良いと筆者は考えている。

ネット検索で、デンマーク在住のエフタースコーレ生の日本人保護者の言葉を見つけた。

「生きていく為に必要なことを学ぶ環境」とある。その通りである。

大人が「手本」を示す

二五七頁の見出し文である。

ここでは、ヘニングセンが学校でも家庭においても、「説教」、「訓戒」、「命令」するよりも大人が「手本」を示す方が「つねによい方法だ」と話す。また、教師も親も、「言っていること」と、「行っていること」が一致し、そこに、「誠実さ」があることが大切だと語る。

そして、ヘニングセン家の四人の子ども達について話し始める。

ここで彼は、「私たちも、学校の先生も、子どもたちに『道徳を説教した』ことは一度もありません」と述べている。そして、教師や親が「手本」を示すことで子ども達は自然に「生命の尊厳」という思想に結びつけながら考え行動していることを経験的に明かしている。

池田夫妻も、自身の子育てや生涯教育の一環としての家庭教育について語ることが多い。

二人の大教育者が、我が家における子育てや家庭教育について赤裸々に語る姿に、筆者は「言っていることと行っていることの一致」を見る。また、そこに誠実な人格を感じるのである。と共に「どのような手段を用いるかという方法論よりも、子どもを育てる側の『高い人格』が要求される」と語るヘニングセンの言葉に、言行一致の大切さが分かる。

ここでのまとめとして池田は、「本来『人間教育』とは、義務教育といった、子ども時代の一時期に限定されるべきものではない。（中略）学校教育だけでは不十分であり、『生涯教育』『社会教育』が重要である」と指摘する識者の言葉を紹介している。

このように両者が考える、「生涯教育」の目的の一つは、いじめのない、心豊かな家庭、学校、社会を作り出すことに置き、教師や親が、「手本」を示すべきであると結んでいる。

我が国では、一向に収束に向かわない、「いじめ」や「不登校」、また、「体罰」や「虐待」の問題がある。カウンセリングの知見には、「治療的」か「予防的」か「開発・教育的」、いずれかの対処法がある。

デンマーク教育が歩んだ道は、外で失くしたものを人間の内で取り戻す、「開発・教育的」な取り組みであった。ヘニングセンの言葉では、「生の啓発」であり、それが対話であり、「生の教育」の実践であった。

我が国においても、こうした発想への転換と、パラダイムシフトの転換が必要ではないだろうか。

ここまでは、ヘニングセンが話すことを中心にして振り返り考察してきた。対談であるため、話し言葉で語られ、平易な表現をされているので、一見分かりやすい。しかし、読み直し、考え直すにつれて、その内容の広がりと深さに気づかされる。

そこで得た発見は、「生の教育」というグルントヴィ思想において、一貫して全くぶれることなく、教壇に立ち続けてきたヘニングセンの「闘士」の風格であった。

初対面の頃の筆者は、ヘニングセンの人物像を、その経歴を見て、大学者であるという一種畏敬の念を持って見ていた。ところが何度か会ううちに、コーヒーブレイクの時など、彼の方から話しかけてくる。

しかもこちらの話しに耳を傾けてくれる優しい「先生」という見方になり、やがて、パーティーなどで共に飲み、歌い、喋っていると、良き「先輩」という気持ちにさせてくれた。不思議な魅力を兼ね備えた人格者であった。

そのヘニングセン先生は、二〇一〇年、筆者が三度目のアスコー校訪問時の最終日、「お別れパーティー」の折、「あなたは、日本のデンマーク大使だ」と皆の前で宣言された。単なるジョークだと思ったが、皆の賛同の拍手を浴びてしまった。

人の心を一瞬にして捉える力は、我らが師、池田に似たところがある。思えば両者とも人間教育を実践する対話の名人である。

この章の冒頭部分では、アンナケイについて触れた。彼女との初対面は、二〇一三年八月にアスコー校で開催された池田池フェスティバルのときである。その時、舞台での演奏が終わった後に、「記念写真を」というマーク・神尾の誘いで互いにポーズを取ったのが出会いであった。

するとその年の一〇月にマーク・神尾から、アンナケイが反核・平和のグリーン・エネルギー大使として広島に行くことになったとの連絡を受けた。筆者は、早速、広島市長の秘書室に連絡して引率同行することになった。

彼女のプロフィールを調べると、デンマークのオーフス出身で七人の音楽一家の末っ子、一八歳で音楽修行のためにニューヨークに渡り、ハービー・ハンコックの指導を受けた。その折、ハービーの勧めでSGIに入会、やがて才能が認められてライブデビューした。日本にも来たことがあり、札幌、東京、大阪、広島のライブハウスにも出演している。その後ニューヨークでカメルーン出身のジャズミュージシャンのリチャード・ボナと結婚して長男ジェダン君が生まれた。そして今では、デンマークを代表する「グリーンエネルギーの文化大使」も務めているという。

そんな国際的な人気のジャズミュージシャンである。

果たしてどんな出で立ちで我々の前に現れるのかと思い新大阪駅で待ち受けると、彼女はジーンズ姿で背中には大きなリュックを背負い、胸には生後六ヶ月の長男坊をだっこして、乳児用の大きなバギーを押しながらやってきた。しかも一人である。筆者は驚くと共に、感動した。

これが、デンマークの人間教育が生んだ、平和と文化を愛する一人の女性の姿なのかと。

しかし、彼女を紹介したマーク・神尾は言う、「デンマークSGIにはもっとスゴイ女性が一杯います」と。

我が日本も、そのような人材を生み出せる教育立国に出来ないものかと心底願う。

第一章で「牧口は、グルントヴィとコルのことを知っていたのに、なぜ国民高等学校の導入を考えずに、創価教育学体系を書き、創価教育学会を設立したのか」という自己課題を残していた。この第二章を書いているうちに、その理由が見えてきた。それは、グルントヴィは、牧師、学者、政治家、詩人であったのに対して、牧口は小学校の教員、校長と常に学校現場に身を置いた教育の実践者であったこと。その実践における思索と教育理念の形成をメモしたものを集大成して「体系」を打ち立てており、教育改革の具体論まで持っていたことである。

もう一つの違いは、キリスト教が国教となっているデンマークと、当時、国家神道を押し付けて、教育をも戦争のために利用していた我が国との宗教・社会事情の違いが大きいと思われる。

結局、牧口は国家神道の神札の押し付けを拒否したため、当時の悪法、治安維持法違反と不敬罪の疑いで逮捕投獄された。一九四四年一一月一八日に獄死されたのである。同時期、同様に投獄されていた戸田城聖は、翌年七月三日に釈放された後に終戦となり、牧口が創立した創価教育学会を創価学会と名を改めて再建されたのである。因みに、創価学会の創立記念日は、牧口が『創価教育学体系』第一巻を発行した一九三〇年一一月一八日であり、奇しくも逝去された日付も一一月一八日であった。

なお、池田が創価学会に入会したのは、一九四七年八月二四日であるので、池田は牧口とは会っていない。戸田が何度も池田に、デンマークの国民高等学校やグルントヴィとコルのことを話していたということは、教育と宗教における師弟論と創価の教育論を池田に伝授していたことになる。

したがって、次の章では、信教の自由と民主主義が憲法に謳われている今日、多くの仏典を提示して、グルントヴィ理論に迫り、人間教育の理論を展開する池田の教育思想を、考察する必要がある。

第三章　グルントヴィと池田の哲学的背景

二〇一三年八月二三日、アスコー校で開催された「アスコー池田教育セミナー」の講演において、ヘニングセンは、「最も優れた学力教育でも足りないものがある。平和、自由、民主主義こそが啓発を促す。池田氏が語る『教育』にも、この意味は全て備わっている。今日の世界的指導者として唯一そのことを世に紹介し続けている。勇気ある者であり、牧口の道を継ぐ者である」と語り、これが氏の生前最後の講演となった。（詳細は後掲）

グルントヴィ研究の第一人者と言われたヘニングセンをして、ここまで高く評価された池田が、そのヘニングセンとの対談において、多数の仏典を紹介しながら、自身の人間教育論に昇華し展開していることに筆者は着目した。

何故ならば、グルントヴィとデンマークの教育を日本に紹介した先覚者は数多いが、いずれも仏法者ではなかったからである。

今日、広く世界に平和を訴えて、「教育のための社会」へのパラダイム転換を提唱し、推進し、行動してきたのが池田である。その意味ではグルントヴィをも凌いでいると筆者は考えている。

本章では、池田の哲学的背景とも言える、仏典の引用と彼の人間教育論についての考察に挑戦してみようと考えた。

その前に、前章では、「グルントヴィの事を誰よりも深く理解している方は池田先生」と語るヘニングセンの言葉を紹介した。だが、何故にそこまで言い切れるのかについての疑問が残っていたので筆者自身五度目となる二〇一四年のアスコー校訪問で、グルントヴィ研究の後継者であるデンマーク南大学准教授のイーベン・バレンティン・イエンセン女史に尋ねてみた。

彼女の答えは、「グルントヴィは、言葉や理論よりも実践を大事にする人でした。池田先生は、グルントヴィの考えと同じことを現在において実践しておられ、その姿を見てヘニングセン先生はそのように評価されたと思う」と。

「実践の人」との言葉を聞いた時、筆者の頭をよぎった言葉がある。それは、「道理証文よりも現証にはすぎず」という日蓮の言葉であった。

この意味は、理論よりも実践、言葉よりも行動を重視して、現実の上に実証を示すことが大事であるという教えである。

グルントヴィも池田も人間教育の有言実行の人であることをイエンセン女史も認めていたのである。なおイエンセン女史は、二〇〇九年デンマーク南大学から池田への二五〇号の顕彰の折にも、ラスムセン学長、オッチンゲン副学長とともに創価大学の式場の舞台で池田と会っていた人である。

1．池田の仏典《ぶってん》引用

本章では、ヘニングセンとの対談において池田が引用した「仏典」に着目して、彼が展開する「人間教育」について読み解こうとする。その前にいくつか整理しておく事がある。

先ず、ここでいう「仏典」とは、①釈尊が説いたという経典類、②それらを釈尊の弟子たちが訳し、解説した緒論、③日蓮とその弟子たちが書き残したものなどの事である。

さらに、留意しておきたいことは、対談集での仏典の引用数は多いのだが、池田が創立した創価大学や学園の校訓やモットーに「仏典」の引用は全く見られないことである。また、カリキュラムに「宗教」の授業がないことも分かった。

ここにも、「先ず人間であれ」とのグルントヴィの教育思想との共通性が見られる。

全ての教育対談で引用と解説

数多くの池田の著作の中で、対談本が占める数は七二冊に上る。ヘニングセンとの対談はその五八番目に当る。それらの本の表題および副題に「教育」の語が記された本は一〇冊で

発行年	対談者名	著作名	出版社
1997 年	松田茂行、若井幸子、笠貫由美子、羽吹好史	21 世紀の教育と人間を語る	第三文明社
2002 年	ヴィクトル・A・サドーヴニチィ	新しき人類を 新しき世界を —教育と社会を語る	潮出版社
2004 年	ヴィクトル・A・サドーヴニチィ	学は光 —文明と教育の未来を語る	潮出版社
2009 年	ハンス・ヘニングセン	明日をつくる〝教育の聖業〟—デンマークと日本 友情の語らい—	潮出版社
2010 年	張鏡湖	教育と文化の王道	第三文明社
2011 年	ミハイル・ズグロフスキー	平和の朝へ 教育の大光	第三文明社
2012 年	顧明遠	平和の架け橋 —人間教育を語る	東洋哲学研究所
2012 年	ビンセント・ハーディング	希望の教育 平和の行進	第三文明社
2013 年	V・A・サドーヴニチィ	明日の世界 教育の使命	潮出版社
2014 年	ラリー・ヒックマン ジム・ガリソン	人間教育への新しき潮流 —デューイと創価教育	第三文明社

池田の教育対談集一覧

ある。

その他の対談集でも、目次に「教育」の語が入っているものが多数あるが煩雑になるので、ここでは上の一〇冊に絞った。

これを見ても分かるように、池田は様々な国の人物と教育対談を行っており、対談の中では必ず仏典の引用がなされている。

筆者の調べでは、モスクワ大学総長のヴィクトル・A・サドーヴニチィとの対談では二〇〇二年は四二回、二〇〇四年は三七回、二〇一三年は一八回となっている。

また、中国文化大学理事長の張鏡湖との対談では一五回。前述のキエフ（キーウ）工科大学学長ミハイル・ズグロフスキーとの対談では四二回に及んでいる。

さらに、中国教育学会会長の顧明遠とも二一回の引用。デンバー・アイリフ神学校名誉教授ビンセント・ハーディングとの対談でも二七回。デューイ研究センター所長ラリー・ヒックマンとバージニア工科大学教育哲学教授ジム・ガリソンとの対談でも三〇回の引用。

しかも、いずれの引用場面においても対談相手の受け止めと反応は肯定的であり、中には感銘を深くして、感謝の言葉を述べていることもある。

全般的に池田の仏典引用の仕方は、多くの宗教家に見られるような訓詁注釈的なものではなく、読み手に分かりやすいように平易な言葉で語られており、対談相手と同じ土俵に立っての対話形式をとっているところに大きな特徴がある。

ヘニングセン対談での仏典引用

ヘニングセンとの対談集における仏典引用を整理してみると次の表のようになる。

各章の表題および引用文を概観すると、池田はデンマークの教育とグルントヴィの教育論をよく把握した上でヘニングセンとの対談に臨んでいることが窺える。その上で縦横に仏典を引用して、自身の教育哲学に昇華した上でグルントヴィの教育哲学に肉薄している様が読み取れる。

No.	頁	章	引　用　文
1	8	1	「過去の因を知らんと欲せば其の現在の過を見よ未来の果を知らんと欲せば其の現在の因を見よ」
2	44	2	「当世は世みだれて民の力よわし」
3	57	3	「相依相資」「智慧」「慈悲」
4	57	3	「全世界に対して、無量の慈しみの意を起こすべし」—慈悲
5	58	3	布施行
6	59	3	「上求菩提・下化衆生」— 菩薩
7	59	3	「(施しの) 報酬を望むことなく、他の人びとに対して利益を行ってください。苦はただ (われ) ひとりで忍受し、楽は衆人とともに享受してください」
8	59	3	「世の人びとに役だつことは、何事であろうとすべてつねに行ってください」
9	83	4	「仏知見」の「開示悟入」という法理
10	95	5	「私はあなた方を深く敬います。決して軽んじたり、侮ったりいたしません。なぜなら、あなた方は皆、菩薩道を行ずれば、必ず仏になることができるからです」—常不軽菩薩の単行礼拝
11	120	6	「煩悩という薪を焼いて菩提 (悟り) という智慧の火が現れるのである」—「煩悩即菩提」
12	147	7	「発菩提心」—「菩提を求める心をおこす」—「仏の智慧」
13	157	8	「心こそ大切なれ」
14	157	8	「心は巧みなる画師の如し」
15	166	8	「梵音声」—「易解」「聴者無厭」「深遠」「悦耳」「不散」
16	168	8	「十悪」の中の 4 種類の言葉、「妄語」「綺語」「悪口」「両舌」

17		8	「愛語」「厳語」
18	183	9	「立正安国」
19	185	9	「われは万人の友である。万人のなかまである」
20	193	9	「慈悲」
21	216	10	「妙の三義」
22	230	11	「人のために灯をともせば、その光は自分の前も明るく照らす」
23	233	11	「四弘誓願」
24	241	11	「一切衆生が種々の苦しみを受けるのは、悉く、これ如来（仏）一人の苦である」
25	250	12	「生命というものは一切の財のなかで第一の財である」「三千大千世界（全宇宙）を満たす財であっても、生命に代えることはできない（中略）財のある人も財のない人も、生命という財にすぎた財はない」
26	255	12	「三草二木の譬え」
27	255	12	「桜梅桃李の己己の当体を改めずして」
28	256	12	「蔵の財よりも身の財すぐれたり身の財より心の財第一なり」
29	271	13	「四摂事」—「布施」「愛語」「利行」「同事」
30	284	13	「依正不二」
31	285	13	「一念」「心」
32	294	14	「仏性」
33	296	14	「五眼」— 肉眼、天眼、慧眼、法眼、仏眼
34	302	14	「蘭室の友と交わることで、蓬のように曲がった心が素直になる」
35	322	15	「縁起」
36	329	15	「一念三千」

2. 仏典をめぐる対談の詳細

以下、対談のやり取りについて逐一検討を加えることにする。

「生の啓発《けいはつ》」の教育

ここでの仏典引用は、「過去の因を知らんと欲せば其の現在の果を見よ未来の果を知らんと欲せば其の現在の因を見よ」である。これについては既に述べたが、グルントヴィとコルによる改革が今日の、教育と福祉の大国となったことを讃えている。

また、それから遅れること約一二〇年、池田が一九六八年に創立した創価学園、一九七一年に創立した創価大学などが進める人間教育が「因」となって未来にその「果」を得るのだという決意の表れでもあろう。

文中「グルントヴィ研究の第一人者であるヘニングセン先生と、このように『教育の過去・現在・未来』を語り合えることに、私は大いなる意義と喜びを感じております」との言葉に他の対談では見られない池田のデンマークに対する敬愛の心と決意のほどが窺える。

これに対してヘニングセンは、「そうおっしゃっていただき、感激です」「こちらこそよろしくお願いします」と述べている（一〇頁）。

そもそも、この対談が実現する切っ掛けとなった二〇〇〇年九月、「アスコー教育貢献賞」

の贈呈のためにヘニングセンとドックバイラーが来日したが、その時の聖教新聞を開いてみると、授与の理由として「世界平和の実現、人道的な文化と価値創造の教育の推進によって、全人類の幸福を達成しようとする貴殿の活動に対して、心からの敬意と感謝の念を表すために、アスコー国民高等学校理事会は、貴殿に『アスコー教育貢献賞』第一号の授賞者となっていただくことを決定しました」と報じている。

では、そのような池田の活動と行動を両氏に伝えていたのは誰か、それは若き日よりSGIメンバーであり、アスコー校の卒業生であったマーク・神尾とヤン・モラー氏であった。この事実については、池田、ヘニングセン両者ともこの対談集の中で認めている。

また、それらの史実については、『新・人間革命』第二一巻のSGIの章に詳しく記されている。

そこには「伸一（池田のペンネーム）は、デンマークを担う二人の青年（神尾とモラー）を、ヨーロッパ訪問の折などに、会って励ましてきた。〝生涯、人間革命の大道を！〟との万感の思いを込めて」と。さらに「やがて、上岡（神尾）はデンマークSGIの初代理事長に、ミラー（モラー）は二代目の理事長となっていく。また、二人が出会った母校のアスコー校から、二〇〇〇年九月、伸一に第一号の『教育貢献賞』が贈られ、さらに、その後、同校内に、牧口常三郎、戸田城聖、山本伸一（池田大作）の『三代会長の木』が植樹されることになるのである」と記述されている。

以上のことから考えると、池田の教育論の核心は師弟論にあると筆者は考える。

ここには牧口を先師、戸田を恩師と呼び、その恩師である戸田から何度も聞いたという、デンマークの大教育者である師匠グルントヴィと弟子コルの闘争に学び、「世界平和の実現、人道的な文化と価値創造の教育の推進によって、全人類の幸福を達成しようとする貴殿の活動」と讃えられたアスコー教育貢献貢賞に対して、真正面から応えようとする池田の思いが綴られている。

故に、池田の仏典引用はグルントヴィ教育への単なる称賛ではなく、二人の師匠の志を受け継ぎ、人類的な視野に立って、池田自身の教育哲学を言い表わすための仏典引用であると思われる。

不戦の世紀と民主主義のちから

ここでは、民主主義の発達が戦争を防ぐ最善の手段となることを語り合った後に、日蓮の次の言葉「当世は世みだれて民の力よわし」が引用されている。この言葉は戦乱が絶えず、飢饉も続き、疫病も蔓延していた日蓮在世当時の鎌倉時代の世相を端的に表したものである。

池田は「民の力」を民衆の力と捉えて、戦争と暴力の連鎖を断ち切っていくには、民衆による平和勢力の連帯を築いていく努力が必要であると強調する。「民衆が断固として強くなり、断固として力をつけ、断固として団結していかねばなりません」と。

ヘニングセンも、民主主義はあって当然のものではなく、あくまでも人々が支え、育てていくものだと応じている。その後、池田がグルントヴィの「人間のための宗教」という視座の重要性について語ったことを受けてヘニングセンは次のように発言する。

「私は、地理的にも文化的にもまったく離れた二つの国の宗教者が、同じ意見を持つことに深い感動を覚えました」と。

池田の言葉では、「人間のための国家」、「人間のための教育」、「人間のための宗教」と表現され、「国家のため、教育のため、宗教のための人間」ではないことを強調している。

ここにも、「グルントヴィを最も深く理解しているのは池田である」というヘニングセンの思いが潜んでいるように思われる。

よりよい社会へ福祉大国の挑戦

ここでは、六つの仏典が引用されている。

福祉国家としてのデンマークは、つとに有名であり、一九六〇年代にデンマーク社会省のバンク・ミケルセンが提唱した「ノーマライゼーション」の言葉は、スウェーデンのベンクト・ニーリエによって広まり、我が国でも広く知られている。また、学校や障がい者福祉施設など公共の建物でのバリアフリー化も、早くから取り組まれ実現している。

対談の中で、ヘニングセンはバンク・ミケルセンの功績は認めているが、その評価は限定的であり多くを語っていない。

むしろ、約五〇パーセントの所得税と約二五パーセントの消費税という、高福祉・高負担がデンマークだけではないことの理由について触れている。

ノルウェー、スウェーデン、フィンランド、アイスランドなどの北欧諸国の福祉制度が基本的に同じであることを挙げ、その基盤に、「富める者を少なく、富まざる者をより少なく」というグルントヴィの精神が根付いていることを強調している。

「どんな制度でも、それを支える精神性こそが大切です」との言葉がそれである。

両者が語る、「精神性」について、筆者には思い当たることがいくつかある。数度のデンマーク訪問で同行した日本人の多くが、学校で「いじめはないのですか」、「不登校はどれくらいですか」、「モンスターペアレントはいますか」、「管理が大変ですね」などなど。また、福祉に関しては、「税金の高さに国民の不満はないのですか」、「福祉職員の給料はいくら」など相手に対する失礼さに気付かず、精神性とは程遠い質問が目立っていたことである。

これは、取りも直さず我々、日本人の心の中に「精神性」や「哲学性」が薄れ、本質的なことに目を向けない傾向性の表れではないかと筆者は考える。

しかし、池田の返答は違っていた。「大事なお話です。貴国には、グルントヴィの確固たる哲学が脈打っています。それがいかなる人であれ、平等に安心して生活することができる社会を作りゆこうというコンセンサスの土台になっていますね。民衆の大地から生まれ出た精神的な基盤こそ、永遠性を持つものです」と語り、仏典と福祉の関係について語り始める。仏法における「社会福祉」の源泉は、釈尊が菩提樹下で悟りを開いて、民衆救済に向かった時にあるとして、「釈尊の心には、すべてのものは互いに依り合い、互いに助け合う『相依相資』であるとの『智慧』と、その発現である『慈悲』が充満しておりました」と述べる。

池田はさらに「全世界に対して、無量の慈しみの意を起こすべし」との釈尊の言葉を引用して、「仏法の『慈しみ』の心とは、すべての人が幸福になるように希求する真実の友情」、「『悲』とは、『共感』や『同情』の心であり、他者の苦悩を抜こうとする心」と説明する。「仏法では、この『慈』は『悲』と一体となり、『慈悲』として伝わりました。こうした『智慧』と『慈悲』が、さまざまな『布施行』となって展開していきます」と深遠な仏法の哲理を分かりやすく、一気に語っている。さらに、この「布施行」が仏法における社会福祉の実践形態になっていると説明している（五八頁）。

また池田は、歴史上の実例として、紀元前三世紀、古代インドのマウリア朝のアショカ大王の善政の事例を挙げる。さらに、二世紀に出現したインドの大論師、竜樹の次の言葉を紹介する。「（施しの）報酬を望むことなく、他の人びとに対して利益を行ってください」、「世の人びとに役だつただ（われ）ひとりで忍受し、楽は衆人とともに享受してください。苦はことは、何事であろうとすべてつねに行ってください」。これは当時の王を諫める言葉であるが、仏法に社会福祉の精神が深く根付いていることを示唆している。

また、竜樹の大乗の菩薩思想についても、「菩薩」のあり方と「上求菩提・下化衆生」についても分かりやすく語っている（五九頁）。

これを受けて、ヘニングセンは、「仏法思想の中に福祉の強固な原点となるものがあるとのお話は注目すべききわめて重要なことです」と述べ、キリスト教の「隣人愛」について語る。「こうした基本的な宗教理念は、権力や体制の利害を超えたところで、あらゆる文化のあらゆる人々に訴える力を持っているのです」と池田に共感している。

ヘニングセンの次の言葉に注目したい。

「私は『福祉』と『教育』を同じ次元で論じあうことが大事だと思います」と述べ、狭い道具主義的な意味で使われる「教育」よりも「啓発」という言葉を使いたいと語る。

筆者は、ここにグルントヴィの教育思想が集約されているのではないかと考えている。「啓発」はデンマーク語では、オプユリースニング（Oplysning）と訳され、英語ではエンライトメント（Enlightenment）と訳される。エヂュケイション（Education）のニュアンスとは、かなり乖離している。

また、この言葉はヘニングセンによると英語のEnlightenmentとも少し違うということを直接聞いている。

そして、本文では「『啓発』とは、真理の探究を対象としていて、目に見える個人や社会の利益をはるかに超えた広い視野に立つ言葉です。それは、物事を全体として理解するためのものであり、社会的・普遍的な側面が含まれています」と説明している。

それに対する池田の「そうした『啓発』の理念が、貴国では、『福祉』に限らず、環境、人権、政治、平和等の随所で生かされていますね」という応答に、グルントヴィ思想の本質を的確に捉えていることが分かる。

つまり、デンマークでは、我が国の教育現場でよく使われる「福祉教育」や「人権教育」、「環境教育」など「〇〇教育」と分化し矮小化された言葉を使っていないところに哲学的な見識の深さがある。

福祉大国であり人権大国、環境先進国と言われる根源のところにOplysningの思想が根付いていることを池田は洞察しているのである。

なお、Oplysningについては、二一四頁以後にくわしく触れられているので、そこで再考察する。

義務教育の現在、そして未来

ここでの引用は「仏知見」と「開示悟入」という言葉である。

「仏知見」とは、「仏の智慧」のことであり、万人の生命に秘められた宇宙大の「智慧」であると、池田は語る。続いて、一人の人間の生命に秘められた「智慧」を「開く」とは、その無限の「智慧」を開くこと。「示す」とは、教え顕し示すこと。「悟らせ」とは、具体的な活動を通して、その智慧を実感、体得させること。「入らせる」とは、あふれでる「智慧」を自由自在に使って、自ら幸福の大道へと入らせるようにしていくこと、と説明している。

さらに、「これが、仏法の究極の目的であり、『教育』の目的とも完全に軌を一にしています」と語る。

つまり池田が語る「教育」の理念は、グルントヴィの「啓発」の理念に近いと思われる。へニングセンの次の言葉がそれを明かしている。「この『仏知見』の四つの観点は、グルントヴィの考えとも相通じます」(八四頁)。

また、池田が描く「人間教育のあり方」とは、「一人ひとりの『内発の力』を触発し、社会や人類に貢献しゆく『創造の力』や『共生の力』を育みゆくこと」であると考えている(八五頁)。

このように、これまで難解とされてきたグルントヴィの思想理念が池田の仏典引用と解説によって明確になり、しかも仏法と人間教育の関係性も明らかにされていると考えられる。

義務教育と生涯教育

ここでの仏典引用は「常不軽菩薩の単行礼拝」である。

法華経には「常不軽菩薩」という菩薩が登場する。「不軽」とは「軽んじない」という意味で、この菩薩は、一切の衆生に「仏性」(仏の生命が本然的に備わっていること)を認め、行動する。徹底した人間尊厳の振る舞いであると池田は語る。

　これに対してヘニングセンは、この話はドストエフスキーの「隣人をあなた自身のように敬わなければならない」という「キリストの基本思想」という教えとよく似ていると応じる（九五頁）。

　教師や周りの大人が、「常不軽」の心で子どもに接したならば、いじめなどの早期発見・対応にもつながるという池田の「教師論」に対して、ヘニングセンは「グルントヴィも、子どもを人格を備えた正当な人間として尊敬することに大きな力点を置きました」と応じている（九六頁）。

　昨今、日本では教師による子どもへのハラスメントや、介護現場での職員による暴力、親による子ども虐待などが報道されて、大きな問題となることが多いが、デンマークでは教師や介護職員は勿論のこと、大人による体罰行為は一切見られない。

　グルントヴィの思想が浸透しているからであろう。

　本文二二六頁には、二〇〇七年一二月二日に大阪の中之島公会堂において創価学会教育本部の教育実践報告大阪大会が開かれ、イエンセン准教授が来賓として出席されたことが記されている。

　実は筆者もこの大会に深くかかわっており、発表者の方々の取材担当をさせていただいた。我が恩師、武庫川女子大学教授（当時）の白石大介先生も出席され、実践報告の講評をしていただいた。

筆者のそれまでの二〇余年に亘る取材担当で、発表者には、教育に対する共通の信念と行動があることが認められた。

人間教育は策や方法ではなく、正に池田が語る「常不軽」の心で自他ともの成長を祈り、子どもたちと関わった結果、不登校やいじめなど、今日的な問題を乗り越えた教育実践の数々が報告されてきたのである。なお、この実践報告大会は今も毎年各地で開催されている。

筆者の三五年にわたる在教職期間を含めて、教育現場はこれまで、非行、校内暴力、対教師暴力、器物損壊、不登校、学級崩壊、いじめ、引きこもり、など常に深刻な問題を抱えてきたが、この実践報告大会では、池田の言葉「子どもにとっての、最大の教育環境は教師自身である」、「教師が変われば、子どもも変わる」という「常不軽」の祈りと行動で奮闘されてきた教育実践の成果が感動的に報告されてきたのである。

このように池田は教育現場の状況をつぶさに把握した上で自身の「人間教育論」を展開し、ヘニングセンとの対談に臨んでいたことがこの対談集を読むと分かる。

また、ヘニングセンやイエンセンもここにグルントヴィ思想と共鳴する人間教育の姿を見て共感され、我々との対話交流を進めてきたのである。

世界へ広がった国民高等学校

ここでの仏典は「煩悩という薪を焼いて菩提（悟り）という智慧の火が現れるのである」という文である。

池田は、「大乗仏教では、迷いの生命である『煩悩』があるからこそ、『菩提』の智慧の火が輝く、『煩悩』が大きければ大きいほど、より偉大な智慧へと転じていける」と語った後、次のような教育論を展開している。

「教育とは、心に渦巻く怨念や絶望、無知、あきらめなどの『煩悩』のエネルギーを、慈愛、希望、智恵、勇気の『菩提』のエネルギーへと質的に転換させゆく、粘り強い労作業とも言ってもよい」と述べ、ここに「エンパワーメント（啓発運動）」の内実もあると語る（一二〇頁）。

これに対してヘニングセンはグルントヴィもすべての欲求を断念するように説く他の宗教者とは反対の信念を持っていたと述べ、グルントヴィがいう「啓発」とは、「この人生を光り輝かせる」ということだと説明する。また、「啓発」は感覚的・肉体的な欲から離れるのではなく、自分のものとして保持したいという「執着」から離れることだと述べる（一二〇頁）。

ここでは、両者の考えに若干の温度差が見受けられる。

つまり、池田は「教育とは」と論じつつ人間の変革論を述べており、しかも個々人における煩悩のエネルギーを菩提へと変える質的転換を訴えている。これに対して、ヘニングセンは「『執着』から離れる」ことで「啓発」がなされるとのグルントヴィの考えを述べている。筆者の感想を述べるならば、執着から「離れる」程度の教育では、人間の変革は難しいと考える。

池田の主要著作である小説『人間革命』の主題が「一人の人間における偉大な人間革命は、やがて一国の宿命の転換をも成し遂げ、さらに全人類の宿命の転換をも可能にする」と綴られていることから考えても、この「煩悩即菩提」に対する池田の見識はさらに奥深い。

筆者が、池田の思想がグルントヴィを凌いでいるのではないかと見る一つの理由がここにある。

女性の美質が尊重されゆく社会へ

ここでは、グルントヴィの「生の学校」について語る中で、「発菩提心」が引用されている。

筆者はこれまで、グルントヴィの言う「死の学校」とは文字や暗記による詰め込みをする学校のことであり、「生の学校」とは、その反対に対話を中心にする学校のことであると単純に捉えていた。しかし、両者の対談を読むとさらに奥深いものがあることが分かる。

ヘニングセンによれば、「死の学校」とは、「生きる必要性」に何ら影響を与えない学校の事で「何のために学ぶのか」という目的意識のない学校の事であると言う。そして「これは本然的な人間性に逆らったやり方です」と断言している。反対に「何のため」という学問の意味を理解するとき、学ぼうという意欲が湧いてくる、と述べている（一四八頁）。

それに対して、池田は自身が贈った創価大学生への指針、「英知を磨くは何のため　君よそれを忘るるな」を紹介。また「『何のために学ぶのか』『何のために生きるのか』。これは、人生の根本の問いかけです」と述べた上で、「発菩提心」について語る。

「発」とは「おこす」という意味であり、つまり、「菩提を求める心をおこす」。この「菩提」とは仏の「智慧」であり、自身の幸福だけでなく、「自他ともの幸福」を願い、実現しゆく最極の「智慧」のことであると語る。

創価大学や学園のモットーや指針には仏典の引用がないことは既に述べたが、それらの背景には、深い哲学的な思索の上で紡ぎだされた言葉であることを知ることができる。

ヘニングセンもそのことを理解して、「生の啓発」は池田の言う「智慧」の概念と極めて似通っており、すべての人々に共通して必要なものであると語っている。

世界に開かれた学校

池田は、「ラッセル＝アインシュタイン宣言」で有名な、イギリスの哲学者バートランド・ラッセル博士が、九八歳で亡くなるまで、信念の平和運動を貫いた逸話を紹介した後で、「心こそ大切なれ」、「心は巧みなる画師の如し」の二つの仏典を引用している。これについて池田は、「常に『新しい自分を創ろう』という『心』が、見事な名画の如き人生の総仕上げを築いていくのではないでしょうか」という言葉を添えて、長年アスコー校の校長職を勤め、終生教壇に立ち続けることになったヘニングセンにエールを贈っていたのである。

次に池田は、仏典を引用しながら、釈尊が行った対話について語りだす。「本来、八万宝蔵と言われる仏教の膨大な経典も、その原点は、釈尊とさまざまな境遇の人々が織りなした『対話の大叙事詩』でした」と。そして釈尊の「声」は、「慈悲の心」に貫かれた、「梵音声《ぼんのんじょう》」と呼ばれていることを紹介し、これについて述べている。

五つある「梵音声」の一つ目は「易解《いげ》」で、明快で分かりやすい声。二つ目は「聴者無厭《ちょうじゃむえん》」で、聴く人が決して嫌がることがない声。三つ目は「深遠《じんのん》」で、深く遠くまで響く声。四つ目は「悦耳《えつじ》」で、聴く人が悦び楽しむ声。五つ目は「不散《ふさん》」で、散じてなくなることのない声。つまり、いつまでも相手の心に残って消えない真実の声であると説明している。また、釈尊の言葉は、「無知の闇」を打ち破る、赫々たる「日の光」とも譬《たと》えられることも紹介している。

これに対してヘニングセンは、「まさに、言葉と心は密接な関係にありますね。心からの言葉によって、人々はつながっていくものです」と応じている。

筆者は、ここでもいくつかのエピソードを思い出す。一つは、ヘニングセン夫人のウラ・ヘニングセン女史が語っていた話である。ヘニングセン夫婦がそろって池田と会ったのは二〇〇八年四月、創価大学の入学式が行われた大講堂の場であった。

何千人もいる学生や来賓のいる前で、池田は目の前にいる人と対話するようにスピーチしていたという。

「大勢の前であのように、話しする人を初めて見ました。それでいて参加者たちは、喜びにあふれて聞き入っていました」と。

同じような感想は、その翌年、創価大学の卒業式の折、池田に二五〇番目の顕彰であるデンマーク南大学名誉博士号を授与するために、創価大学を訪れたラスムセン総長から直接聞いた話である。

「お会いするまでは、大勢の聴衆の前で演説されるので、着飾った教祖様か偉ぶった大政治家のような方だと思っていましたが、実際にお会いすると全く違いました。とてもフランクで旧知の親友のような感じで、緊張していた私の気持ちをほぐすユーモアあふれる言葉をかけてくださいました。そして、講堂一杯にいる学生たちに対して、まるで数人と対話するかのように、『親孝行していますか』など、まるで我が子を諭すようなお話で、とても感動しました」と話してくれた。この時、同行していたオッチンゲン副学長、イエンセン准教授も異口同音の感想を語っていた。

「対話の国」を代表する教授達が口を揃えて語る池田の対話力と啓発の力は、控えめに見ても群を抜いていると言える。

続く仏典引用は、ヘニングセンが語る「死んだ言葉」に関するものである。

一つは「妄語《もうご》」で嘘、偽りの言葉。二つ目は「綺語《きご》」で虚飾や詐称《さしょう》の言葉。三つめは「悪口《あっく》」で、他人を侮蔑《ぶべつ》し、陥《おと》しい《し》れる言葉。四つ目は「両舌《りょうぜつ》」で、離間語《りかんご》。仲を裂く二枚舌、と説明している。さらにまた仏典には、優しさと思いやりに満ちた「愛語《あいご》」があり、反対に、苦々しい響きで憎しみの報復を生むような「厳語《げんご》」があり、これを戒めるようにと語っている。

残念なことにこの本を書いている二〇二四年時点でも、ロシアとウクライナの戦闘、イスラエルとパレスチナのガザ地区を実効支配するハマスとの戦闘が続いている。そこには、双方からの情報操作として「死んだ言葉」が飛び交っている。国際報道ニュースを観ていても数年前までは聞いたこともない、「フェイク」とか「プロパガンダ」という言葉が飛び交い始めており、これも「死んだ言葉」のイメージと重なっている。

生前、池田は毎年一月二六日付けの聖教新聞で反戦、反核、平和、環境、教育についてのSGI提言を発表していた。この提言は、聖教新聞を通して国連など世界に向けたもので、昨年まで四〇回の提言がなされていた。それはまさに「生きた言葉」による提言であった。

話は前後するが、この段のまとめは、ヘニングセンの次の言葉に尽くされている。

「残念ながら、現代社会や学校教育には、『死んだ言葉』が蔓延しています。こうした社会を転換していくためには、われわれ一人ひとりが人間的に成長して、学校で、地域で『生きた言葉』『真実の言葉』『愛情に満ちた言葉』をそれ以上に増やしていく以外ありません」（一六八頁）。

宗教と社会

ここでの引用は「立正安国」、「われは万人の友である。万人のなかまである」、「慈悲」の三つである。「宗教と社会」というテーマでもあるので、近年のオウム真理教事件や旧統一教会に関する問題などから日本社会に生じている宗教忌避の先入観を排すること。その上でキリスト教、仏教という世界宗教の立場から対話する両者の話を真摯に読み取る必要がある。

先ず、ヘニングセンがグルントヴィの宗教観の変遷を語っている。グルントヴィの父方の家系が代々、牧師職であったことからグルントヴィもキリスト教の影響下で育ったことが紹介されている。その後、何度かの「信仰遍歴」があって、最終的に辿り着いたところが「キリスト教の基盤は『聖書』そのものではなく、聖礼典や洗礼や聖餐式を中心とする教区民の共同体である」と主張するに至る。このために、他の神学者との間で、絶え間ない論争を繰り広げるが「キリスト教は庶民のためのもの」という信念を貫いたため教会当局から圧迫を受ける。

やがて民主憲法が制定されたことにより、デンマークにも「信教の自由」が導入された。そのため、彼は自ら「憲法制定国民会議」のメンバーになり「国王は、デンマーク人でなければならないが、キリスト教徒である必要はない」と主張する。

つまり、グルントヴィの一貫した宗教的信念とは「先ず 人間であるべし、それからキリスト教徒であれ」、これが彼のモットーである。つまりヘニングセンの言葉では、グルントヴィの宗教観は、「人間のための宗教」であるということになる。

池田は、この「人間のための宗教」という表現に強い賛意を示す。「宗教は、あくまでも人間を聡明にし、強くし、正しい人生の軌道へと導くものでなければなりません。宗教が『人間の幸福』に寄与しなければ、その存在意義はない」と主張している。

さらに、「私は、二一世紀の宗教の重大な要件は、その一点にあると考えてきました」。「『宗教のための人間』となれば、宗教が人間を虐げる転倒が起こってしまう。歴史上、こうした不幸が、あまりにも多く繰り返されてきました」と語る。

ヘニングセンも「その通りです。宗教は、人間の幸福のためになければなりません」と即応する。

池田は、この後で日蓮の「立正安国」を引用する。

「仏法の『人間主義』『生命尊厳』の哲理を根本（「立正」）にして、平和社会の建設（「安国」）に具体的に貢献していく方軌を表している」と語る中で「立正安国」について説明しているのである（一八四頁）。

続いてSGIの運動について語り、「立正安国」の「国」が日本一国でなく、「それぞれの国」を指すことを次のように表現している。「生命尊厳の仏法を基調に、全人類の平和・文化・教育に貢献する」、「各加盟団体のメンバーが、それぞれの国・社会の良き市民として、社会の繁栄に貢献することを目指す」と。

それに対してヘニングセンは、「素晴らしい取り組みです」と絶賛し、グルントヴィも、宗教は現実世界から遊離したものではなく、むしろ現在の生活への関わりを説くものであることを明確にしているとして、彼の「人間の啓発」という思想の基盤がそこにあると説明している（一八四頁）。

ここに池田の語る「人間主義」とグルントヴィの「人間の啓発」がほぼ同義となっており、互いの、「人間教育」の思想的基盤になっていることを認めることができる。

続いて、ヘニングセンはＳＧＩメンバーの姿について、「意気軒昂で、外へ目を向けておられること、また世界や人類が抱える諸問題に関わっておられることです。（中略）皆さんは文化の相違を乗り越えて、いつも協力する気概に満ちて集っておられます」と語る。

筆者は前章で、ジャズミュージシャン、アンナケイの事を紹介したが、それはごく一例に過ぎない。実はその時、マーク・神尾と、もう一人の男性ギタリスト、ヤコブ・クラフ氏も大阪で合流していたのである。

また、二〇一三年春には、コペンハーゲンから歯科医ジョン・ハンセン家族七名、チョコレート職人の女性、ＩＴ関連職の女性、手芸店を営む女性、女子学生、男子学生の計一二名のデンマークメンバーが個人の意思でデンマーク各地から新大阪駅に集結した。内七名を引率して、広島に向かい、広島平和文化センター理事長と懇談している。いわゆる民間人の方たちである。

因みに、筆者らがこれまでに広島まで引率したのは二〇一四年までで、五回に上る。広島市長や平和文化センター理事長と会談したデンマーク人の数は、その時点で延べ二一名となる。内訳は、デンマークＳＧＩメンバー、アスコー校メンバー、デンマークパグウォッシュ会議メンバーであった。なお、その後は筆者の引率なくして、ご本人たちで広島に向かい、広島女性平和委員会の「ピースボランティア」の方たちが、歓迎して案内されている。誤解のないように断っておくが、これらの交流は、創価学会組織からの依頼ではなく、全て、マーク・神尾と筆者らの自発的な交流であった。

続いて池田は「異なる文化の人々との相互理解、協力」を可能にするキーワードの一つとして「友情」を挙げ、釈尊の言葉、「われは万人の友である。万人のなかまである」を引用する。

また、「慈悲」の「慈」は古代インドのサンスクリット語では「メッター」のことで友を意味する「ミトラ」の派生語であり、「友情」を意味すると語る。そして、「慈悲」の心とは、「友情」の心の極致であると説明する。

この対談本の副題を、「デンマークと日本　友情の語らい」としている意味がここで明らかになっている。

本章では、池田が引用した仏典を取り上げ、逐一検討してきたが、振り返ってみると検討と言うよりも、むしろ池田の話に引き込まれた感が否めない。それはヘニングセンも同様で、ほとんどの対談場面で池田の話に同調しており、引用された仏典の説明にも興味と理解を示しているからである。

途中、グルントヴィの思想は、デンマーク語が理解できなければ難しいと述べたが、そうでないことがこの対談によって気付かされる。

その一例が、池田が第一章の見出しに打った「生の啓発」という言葉である。「生の啓蒙」ではなく、筆者にとっても初めて目にする言葉であった。「生の学校」、「生の教育」の対語として「死の学校」、「死の教育」が成り立つが、「死の啓発」という表現は論理的にも倫理的にも成立しない。

この「生の啓発」という池田の言葉にグルントヴィ思想の本質が的確に捉えられているように思える。

これはまた、池田の宗教観であり、それに基づく仏典の引用であるために、易々とグルントヴィの教育思想に迫り、且つ、自身の教育論を展開できているのではないかと考える。

第四章　池田博士の教育理念

「『妙の三義』と啓発教育」と題するところで池田は、仏教学者中村元（一九一二〜一九九九）が「諸経の王」と評した法華経の奥義について語っている。世にある「人間教育」についての意味解釈は様々であるが、ここにおいて、仏教もキリスト教もグルントヴィ理論も牧口理論をも吸収した池田の教育理論が展開されているのではないかと考えられる。

ヘニングセンも、池田の説明を聞いて「グルントヴィとコルの思想は仏教の伝統のなかで日蓮大聖人が『妙法』と呼ばれるものを説いた思想と相通じるものを持っています。これこそ『生の啓発』の思想です」と明言している（二一七頁）。

なお「妙の三義」は数ある池田の対談の中でも、この対談でしか語られていない重要な仏典である。池田の人間教育理論の核心でもあるので、後で詳述したい。

デンマーク・アスコー研究会

池田は自らが創立した創価大学の三指針の第一を「人間教育の最高学府たれ」としている。三指針には仏法用語も「創価教育」の語も用いずに、「人間教育」としているところに世界を見渡した教育観であると思える。

二〇一五年一一月にも、マーク・神尾と共に七名のデンマークSGIメンバーが来日した。主な目的は、創価大学の研究クラブ、「デンマーク・アスコー研究会」が主催する「第八回デンマークグループ総会」に参加するためであった。

メンバー構成は、歯科医で団長のジョン・ハンセン氏、心理カウンセラーのヤコブ・スコウ氏、医師のクリスチャン・クリスチャンセン氏、レセプショニストのカトリーナ・フッターズ氏、社会教育主事のマーク・神尾氏、そしてジャズミュージシャン、アンナケイと二歳になった長男ジェダン君であった。

このように、大学の公式招待でなく、一クラブの招待で、デンマークから様々な職種の方が自発的に総会に参加し、友好を深めていることに他大学の教員である筆者は、驚きを禁じ得ない。

このクラブは、二〇〇二年にアスコー研修に参加した学生たちの発意でサークルとして発足して、後にクラブに昇格したという。筆者も、二〇一二年、第五回の総会から招待され参加してきた。筆者の目から見ても、毎回、学生が主催して行う行事としては、大変洗練されており、真心こもる内容であり、その運営の素晴らしさに驚かされてきた。

筆者は、それまで六度のアスコー研修で、彼らと交流することもあったが、学生たちはアスコー校でデンマークの歴史やグルントヴィの教育論、人生論などについて対話を重ねるうちに、母校の創立者である池田の偉大さに気づいたのか、帰国後は見違えるように自己変革の姿を見せた学生が多い。

総会では全部員が、池田が示した建学の三指針「人間教育の最高学府たれ」、「新しき文化建設の揺籃たれ」、「人類の平和を守るフォートレスたれ」を暗唱していた。

一方、デンマークメンバーもデンマーク語のこの対談集を熟読して来日しており、池田思想を学ぶ人たちである。つまり、双方が池田を師と仰ぎ、互いに啓発し合う人間交流の姿をこの総会で見ることができた。

ヘニングセンの池田への質問

牧師ヘニングセンは、宗教と社会について自論を述べた後に、池田に次のような質問をしている。「私は、宗教には、『対話』を取り戻す解放の力が備わっていると思っています。しかし、歴史上、宗教が、対話を妨げる道具として使われてきたことは、ほとんどすべての人が知っています。池田会長は、どうすれば、宗教が『対話』や『民主主義』および『世界平和』の基礎になりうるとお考えでしょうか」。

これに対して池田は「急所のテーマです」と応じて、次の四点について語り始める。要約すると、一、創始者の「原点の心」に帰る。二、対話のための「共通項」を探す。三、対話・協力のための「共通の目的をもつ」。四、教育で連帯する。

二人の対話は人類的視野に立つものであり、仏教、キリスト教に限らずイスラム教、ヒンズー教、ユダヤ教、儒教、道教にも触れている。

その上で、池田は、どの宗教も、民衆の苦悩を打破しようとしたのであり、すべての人間に「平等性」「尊厳性」を認めるところに、「民主主義」の基盤があると語る。

さらに、核問題や地球生態系の破たん、さらに人間精神の崩壊などが噴出する現在、すべての宗教の「共通の目標」は、「人類存続」に焦点を当てるべきであると語る（一九五頁）。

最近の創価学会のホームページを見ると、「核兵器の廃絶、軍縮に向け連帯を拡大」との見出しで、「三代の会長の平和闘争に連なり、仏法の生命尊厳観を基調に、国内外で反核展示やシンポジウムの開催、また署名活動、被爆証言集の発刊等を推進してきました」とあり、「国際社会での取り組み」として、「SGIは、ICAN（核兵器廃絶国際キャンペーン）の国際パートナーとして、（中略）協働してきました」と紹介。さらに「数多くのNGOやFBO（信仰を基盤とする団体）等と協力して核兵器廃絶運動を推進しています」とある。ICANはスウェーデンの女性、ベアトリクス・フィンさんが中心者で、2017年にノーベル平和賞を受賞したことは周知の通りである。

教育における「師弟」

この章では仏典として、小見出しに「『妙の三義』と啓発教育」という言葉が登場する（二一四頁）。

グルントヴィの思想の特徴は、「オプリュースニング」と呼ばれ、「啓蒙」とか「啓発」と訳されるが、「教育」と訳す辞書もある。文字通りの「教え育てる」という「教育」の解釈とは随分乖離しているため、我々日本人には、グルントヴィの理論は難解である。また、エヂュケイションの概念とも違うために、西洋においてもグルントヴィ理論を理解できず批判する学者もいる。

そこで、「啓発」について池田は北欧文化研究者の青山学院大学、岩原武則の「自発的に、自分自身に光をあて、自分の才能、能力に目覚め、社会に貢献する自分を育てあげる」という解釈をヘニングセンに紹介している。

これに対して、ヘニングセンは、「啓蒙」と「啓発」の違いを次のように説明する。「オプリュースニングとは、『啓蒙』という言葉に代表される科学的知識によって得られるものよりも、もっと共通性があり、基本的なもので、『生の啓発』というべきものです。『生の啓発』の主題は『生』です。それは感情や愛情も含みます。なぜなら生きることは前進すること、元気を湧き出すことだからです」（二一五頁）。

これを聞いた池田は次のように語る。「仏法においても、すべての人間生命には、宇宙生命とつながる偉大な可能性が備わっており、自発的に開きあらわすことができると説かれています」

と語り、続いて、日蓮が説く「妙法蓮華経」の「妙」の力について語り始める。「『妙』の力には、『具足・円満の義』『開く義』『蘇生の義』の三つがあり、これを『妙の三義』と呼びます。これは、人間生命に具わる宇宙大の力、即ち『仏性』の力として解釈することも可能です」

この後の二人のやり取りを引用すると、

池田　一つ目の「具足・円満の義」を現代的にわかりやすく敷衍して申し上げると、生命には、無限大の精神的な可能性が内包されている。

ヘニングセン　大変に興味深い話です。コルも、よく似た経験をしています。コルは、田舎から若い農業労働者を呼び集めて、「精神的に覚醒すること」が可能かどうかを確かめたいと語っていました。当然、それが「可能」であることが分かると、国民高等学校の創設に着手しています。グルントヴィとコルがともに経験的に知ったこと、それは「あらゆる人に精神的成長の条件が備わっている。ただその開花を待っているだけだ」ということでした。あらゆる民衆の啓発の教育は、この認識のうえに構築されるべきです。

池田　全くその通りです。人間生命の豊かな可能性は「開花」を待っているのです。

感想　筆者が不思議に思うのは、法華経の奥義である「妙の三義」について、キリスト者であるヘニングセンが抵抗なく受け入れて理解していることである。
正に、創始者の「原点の心」に帰って、「共通項」を見出している対話が展開されていることになる。

第二の「開く義」について、

池田　本来の可能性をすべて開きあらわすことができるという意義が説かれています。「建設の源泉となる力」や「精神的成長のための力」も、人間は自発的、能動的に、自己の生命の内奥《ないおう》から顕現《けんげん》し、開花させることができるのです。これが「開く義」です。

ヘニングセン　グルントヴィとコルの思想は仏教の伝統のなかで日蓮大聖人が『妙法』と呼ばれるものを説いた思想と相通じるものを持っています。これこそ『生の啓発』の思想です。グローバリゼーションの現代社会において、このような思想を広めていくことは絶対の要請です。それは池田会長がSGIのなかで見事に展開され、また私たちが、デンマークで、国民高等学校や継続教育学校（エフタースコーレ）のなかで行っていることなのです。

感想　筆者はヘニングセンの「SGI運動と国民高等学校に期待を寄せている」との言葉に「なぜSGIとの連携なのか」との疑問を持っていたが、ここにヘニングセンの考えがまとめられている。つまりグルントヴィの思想を仏法哲学の観点から的確にあるいはそれ以上に理解している池田が会長として世界に展開しているSGI運動であること知り、「啓発の教育」で連帯できるのは、SGIであると確信したのだと思う。

第三の「蘇生の義」について、

池田　人生には、その時代環境に応じて、可能性の開花を促進する条件もあれば、それを阻む、さまざまな障害もあります。しかし、そうした時代状況や変化に対応して、つねに新しく、瑞々しく蘇生しゆく力とも言えます。（中略）

ともあれ、生命に内在する「蘇る力」を引き出し、さらに輝かせゆくためにこそ「啓発」の教育が不可欠ではないでしょうか。その「啓発」の教育によって、人間は不断に個性ある自身の尊厳性を示し続けることができるのです。

ヘニングセン　池田会長は、仏法の「妙の三義」という考えを、「啓発」という現代の概念に即して説明してくださいました。こうした手法は、ある思想を新しい時代に伝えていく場合、つねに重要になります。

グルントヴィとコルの最も重要な貢献は、人間の「生」についての洞察と理解です。一つの思想というものは、ある時期に何らかの形で存在すると、もはや人類の歴史から取り除かれることは、ほとんどありません。

さらに重要な発言が続く。

ヘニングセン　牧口・戸田両氏の思想についても同様のことが言えます。日本におけるお二人の思想には、デンマークにおけるグルントヴィやコルの伝統と相通じるものがあることは、不思議なことではありません。したがって、私が池田会長やＳＧＩと、啓発や世界平和に脅威を及ぼすような挑戦に対して、協力し合い、意見を交換することは、同じく重要なことです。協力、平和、対話は明らかに善いことです。

感想　恐らく、数ある池田の教育対談集の中で、「妙の三義」に言及したことは初めてであり、それを理解し受け入れただけでなく、「これこそ『生の啓発』の思想」と応じた人物も、ヘニングセンが初めてである。

これによって、難解とされてきたオプリュースニングの意味も池田によって解明されたと考えられる。前にも、ヘニングセンがグルントヴィの事を一番、理解しているのは池田先生だと語っていたことを書いたが、その真意は、ここにあったことに気づかされる。

さらに、牧口と戸田の思想と師弟関係を、グルントヴィとコルのそれと「相通じる」と認めていることは、池田が最も重視してきた「師弟論」についても完全に理解したものと思われる。

教師像をめぐって

デンマークにおいて、啓発の教育を進めてきた功労者であるヘニングセンに対して、池田は「平和の英雄」「教育の英雄」と讃え、彼の「座右の銘」について質問している。

これに対するヘニングセンの回答は、一、才能、能力、考え方に関係なく、あらゆる学生を人間として尊重しなければならない。二、つねに自分が関心をもつ科目、自分が研究している科目を可能な限り教えるべきである。三、あらゆる訓育は、学生と教師の相互作用のなかでなされねばならない、の三つを挙げている。

最初の、「学生を人間として尊重」についてヘニングセンの、「教師が答えを急かせたり、学生が素早く答えられないことに不安をいだかせてはいけない」そのために、「沈黙の時が過ぎてしまうことへの恐れをいだかせないのが教師の役目である」との発言は傾聴に値する。

教育現場における「カウンセリング・マインド」という言葉があるが、「沈黙の時を恐れさせない」という教師の姿勢は、重要である。池田も、「教育に性急さは禁物です。子どもは、それぞれ成長のスピードが違うからです」「じっくり待つ忍耐が不可欠です」と応じている。

ここで、池田は、二〇〇七年の夏にアスコー研修に参加した創価大学生の「声」を紹介している。

「教員が、一人ひとりに質問し、生徒が何を答えても『とても素晴らしい』『いい答えです』とにこやかに語り、皆が発言しやすい雰囲気をつくっていかれたことが、感動をもって触れられています」と。筆者は、前述のようにアスコー校で、そのような現場に、何度も居合わせている。正に池田が言う通りである。

デンマーク・アスコー研究会の総会は、再会を喜び合うだけでなく、その時の思い出を語り合い、その後の成長ぶりを確認し合う場ともなっている。

ここでの仏典引用は、「人のために灯をともせば、その光は自分の前も明るく照らす」である。ヘニングセンの「座右の銘」三番目の「学生と教師の相互作用」に関係して、この仏典が引用されている。

池田は、カリフォルニア大学の医科大学院教授であったノーマン・カズンズ氏の、「学生は、教師にとって最上の『教師』と言えます。教師が学生から学び、学生を尊敬し、学生に応えてこそ、実りある教育の『相互作用』が実現していく」との言葉を紹介する。

池田はこの仏典を引用して、「相互作用」は子どものためだけでなく、教師自身の人間的成長をも促すことを説明している。そして、子どもたちの良さを見出し、輝かせていく心がけと実践は、教師自身の境涯を高めていくことにもつながる、と語る。

続く、仏典は、「四弘誓願」である。

「四弘誓願」についてブリタニカ国際大百科事典（以後ブリタニカ）には、「すべての菩薩が修行の初めに起す四つの願いで総願ともいわれ、次の四つをさす。一、誓ってすべてのものを悟らせようという願い（衆生無辺誓願度）、二、誓ってすべての迷いを断とうという願い（煩悩無量誓願断）、三、誓って仏の教えをすべて学び知ろうという願い（法門無尽誓願学）、四、誓ってこのうえない悟りにいたろうという願い（仏道無上誓願成）」、と解説されている。

つまり、池田は人間教育を進める教育者の事を仏教が説く「菩薩」と捉えて、現代的に教師論を展開しているのである。

先ず、「衆生無辺誓願度」について、学生や教え子を含むすべての人を救い、幸せにせずにはおかないとの誓いであり、四つの誓いの根幹であると説明する。

二つ目の「煩悩無量誓願断」は、自身の内面の悪性（煩悩）との不断の闘争の誓いであり、教師の「人間練磨」「自己変革」への挑戦であると説明する。

三つ目の「法門無尽誓願知」は、人類の知的・精神的遺産を学び、自らも創造しつつ、「真理」へのあくなき探究を続ける誓願であると説明する。

四つ目の「仏道無上誓願成」については、最高の自己実現をなしていこうとの誓願であり、教師も、生徒に尽くしていくなかでこそ、「自己完成」への道が開かれると説明している。

さらに池田は、菩薩の「四弘誓願」の生き方を学校教育に当てはめて考えている。「学校教育でも、教員同士が切磋琢磨し、学校全体の『教育力』を高めていく環境づくりが、より求められている」との言葉がそれである（二三四頁）。

世に、様々な教育論はあるが、仏教の中でも奥義とされる仏典を通して、これほど分かりやすく、且つ具体的に学校教育や教師論に迫った解説はないであろう。筆者が「池田教育理論」と呼ぶ理由はここにある。

次の仏典引用は、「一切衆生が種々の苦しみを受けるのは、悉く、これ如来（仏）一人の苦である」。

この文は、教師の専門性と人間性のどちらを重視するのかというヘニングセンの自己自身への問いかけに対して、専門性と人間性の両立に期待するとの考えが語られた後に引用された仏典である。

ここでいう、教師の専門性とは学習指導能力や授業力のことであろう。また人間性について、ヘニングセンは、学校＝スコーレの語源が「参画し、関わる」という意味であることから、「全体観に立つ」、「つつみ込む」という人間性による学生とのかかわりを重視している。この専門性と人間性を二律背反的に捉えるか、統合的に捉えるかで教師像は大きく異なる。池田は、「生徒を、我が子以上に慈しみ、育んでいく。この責任と信念に立ち、挑戦していくならば、学校教育は必ず変わると信じます」と語り、「慈愛」を中心にした統合的な「人間教育論」を提唱している。

いじめ・人権・平和の教育

ここでの仏典引用は、「生命というものは一切の財のなかで第一の財である」「三千大千世界（全宇宙）を満たす財であっても、生命に代えることはできない（中略）財のある人も財のない人も、生命という財にすぎた財はない」である。

この仏典が引用された背景として、いじめと人権の問題が話し合われている。

我が国において、学校でのいじめ認知件数は、未だ収束せず、むしろ増加している。

ヘニングセンによると「人権の先進国」と言われるデンマークにおいても、いじめ問題は保護者や教師たちが最も懸念する問題であるという。

そこで両者の対談は、いじめをなくすために、「他者を尊敬する」ことを巡っての対話となっている。

この仏典を通して池田は、生命を「軽んじるなかれ」「傷つけるなかれ」「殺すなかれ」という教えを、「人間社会の黄金律」とする必要があると語る。

これに対して、ヘニングセンは、新約聖書を引用して「山上の垂訓」について触れ、「物質的なものや、権力、名誉といったものを、生命そのものより重視することは咎《とが》められるべきである」と同調している。

池田は、さらに「生命は、何物にも替えられない、絶対の『尊厳』と『価値』を秘めている――。学校で成績に順番をつけられても『命の尊さ』には順番はありません」と強調する。

また、いじめ問題に対しては、常に「いじめは悪であり、いじめる側が百パーセント悪い――教師や大人たちが、いじめは絶対に許さないという断固たる強い意志を子どもたちに示すことが、何よりも重要である」と訴え続けている。

続く仏典引用は、「三草二木《さんそうにもく》の譬え」（法華経）と「桜梅桃李《おうばいとうり》の己己《ここ》の当体を改めずして」である。

「三草二木の譬え」について、池田は、「大地には、多種多様な草木がある。同じ雨を吸収しても、個性に応じて枝を広げ、多彩に花を咲かせる、という説話である」と説明する。また、「三草二木」とは、千差万別の人間や民族、文化などを指し、その人間群に、等しく仏の「慈雨の教えの雨」が降り注ぐ。そこに、ありのままの自分を輝かせ、特質や個性を発揮して、豊かな多様性の共生の社会を築いていく原理があると池田は考えている。

また、上と同様に、「桜梅桃李」については、桜は桜の、梅は梅の、桃は桃の、李は李の、それぞれの個性があり、その良さを輝かせていくことを説いた説話である。

つまり、池田は、ここに仏教の平等観と人間の個性を大事にする知見があり、人間観、人権意識を基盤に置いた教育論として展開しているのである。

これに対しても、ヘニングセンは「優れた知見だ」と同調している（二五六頁）。

次の仏典引用は、「蔵の財よりも身の財すぐれたり身の財より心の財第一なり」である。

「蔵の財」とは、蔵に収める財であり、経済的、物質的な財産。

「身の財」とは、我が身につける財で、技術、学識、才能など。

「心の財」とは、思いやりや慈愛、そして人を尊敬する心、多様性を受け入れる心、人に感謝する心などの人間性の豊かさなど、と池田は説明する。

そして、「日本も、世界も、『蔵の財』『身の財』を第一としすぎてきました。『心の財』を第一とする社会へ、そうした教育環境づくりへ、大きな転換点を迎えている」と指摘する。

これに対してヘニングセンは「心から賛同します」と応じる（二五七頁）。

すでに述べたように、ヘニングセンがアスコー校で受講者にする問いかけのひとつが、「今後の世界を考えるとき、経済中心主義か、教育（啓発）中心主義か、どちらを選びますか」であった。

筆者が現地で参加した時は、殆どの受講者が、教育中心が良いとの発言をしていた。その受講者とは、創価大・学園生に加えて、我々研修団メンバー、現地アスコー地域の主婦、OL、大工、俳優、ペダゴー（学童保育士）と呼ばれる人たちであった。

しかも、誰もが堂々として自分の意見を語り傾聴する姿に、さすが「対話の国」「民主主義の国」「人権の国」という想いを強くしたものである。

残念ながら、我が国においては、アスコー校のように老若男女、社会的地位や立場に関係なく、自由に自分の意見を語り、また傾聴される場面に遭遇することは皆無である。ここで語り合った、日本の若者たちが、帰国後、見違えるように生き生きとして活動する姿を筆者は数多く見ている。グルントヴィの言うオプリュースニングと、池田が言う「人間教育」の実際をここに見る思いがしている。

いじめ・人権・環境教育

ここでの仏典は、「四摂事」である。

「四摂事」について、ブリタニカには、「菩薩が人々を導く方法を四種に分類したもの。四摂法ともいう。一、布施（真理を教え、財物を与えること）、二、愛語（やさしい、いたわりのある言葉をかけること）、三、利行（りぎょう。人々に利益を与えること）、四、同事（人々に協力すること。人々と同じ姿をし、同じ仕事をしながら人々を教化していくこと）の四種」とある。

ヘニングセンが、いじめへの対応策として、「人生とは関わること」であり、「傍観」は現実からの逃避であると話したことを受けて、池田は次のように語る。「いじめの傍観は、いじめと同じく悪である」と。

池田は、「人間（教師）の関わり方を」重視しているとして、「四摂事」について説明している。

一、布施について、「他者に奉仕するために、人に何かを与えたり、励ましや哲学を贈り、不安や恐れを取り除くこと」

二、愛語について、「慈愛に満ちた思いやりのある言葉をかけること」

三、利行について、「他者の幸福のために、具体的に行動すること」

四、同事について、「人々の中に入り、直面する苦しみに取り組み、克服すること」

と、より具体的、実践的に解説している。

この後、「人間は、『心』が希望に燃えているときには、暴力的や破壊的にはならない」「子どもたちの『心』を信じて関わり合い、希望の励ましを送ってあげたい」と語っている。

これらは、総て池田自身の行動実践の中から、導き出された言葉であろう。

次の仏典引用は、「依正不二」である。

仏教哲学大辞典には、「依報と正報は、二にしてしかも不二であること。正報とは果報の主体であり衆生の身であり、依報とは、正報の所依となる非情の草木、国土をいう」とある。

池田は、この哲理を、今日の環境問題に当てはめて説明する。「『依』とは、環境であり、『正』とは、主体となる人間です。環境と人間は、現象面ではそれぞれの働きをしつつも、奥底においては『不二』であり、不可分と位置づけています。人間と環境である自然生態系は相互に依存しあっているのです」と説明する。

さらに、「重要な点は、人間を支え育む自然環境・社会環境の価値をどれだけ高められるかは、そこに生きる人間の『一念』『心』が深く関わっている」と語り、人間は、地球環境の「調整者」「保護者」であり、「地球価値」を創造しゆく「主体者」であり、その使命を担っている、と強調する。

そして、「このような使命の自覚こそ、環境教育の要である」と主張する（二一八五頁）。

このように、仏法の奥義から説き起こし、教育論へと進め、実践し行動化していくリーダーは池田を置いて他に見ることはできないであろう。

ヘニングセンは、「私どもが智慧を絞り、積み重ねてきた環境へのアプローチと、東洋の英知である仏法思想からのアプローチとが、図らずも軌を一にしていることは、私にとって大変興味深いことであります」と応えている。

一八九一年に世界初の風力発電の実験をしたのは、当時アスコー校の教員であったポール・ラ・クール（1846~1908）であり、デンマークは今日に至るまで、原子力発電所を作らず、環境保全には熱心な国である。


橋爪健郎（一九九三）によるとラ・クールがアスコー校に赴任した動機は、グルントヴィが起こしたフォルケホイスコーレ運動に共鳴したからだと言う。

「デンマークのエジソン」とも称される、ラ・クールの大肖像画は、代々の校長の肖像画と並んで、私たちが受講した教室に常時掲示されていた。

二〇一四年の研修では、マーク・神尾の提案でアスコー近くの酪農牛舎を見学した。

この見学は、池田とインドの農学者でありパグウォッシュ会議前会長のスワミナサン氏（M.S.Swaminathan, 1925~2023）の環境問題に関する対談集『「緑の革命」と「心の革命」』（潮出版社）を読んで着想したという。

そこでは、乳牛の糞尿や麦わらを直径三〇メートルほどのお椀型のごみダメに、集めて保存して、メタンガスを発生させて代替エネルギーとして利用する試みがなされていた。

我々は皆、悪臭に耐えて見学したことを思い出す。

さらにアスコー校では、食事の食べ残しは許されない。石油製品と他のごみとの分別処理も徹底されていて、日常生活のレベルから、環境保護には細やかな配慮がなされていた。これらの取り組みも、グルントヴィが提唱した「生の啓発」による成果の一端と見ることができる。

環境教育と宗教・恩師・詩心

ここでの仏法用語は、「有情」「非情」「仏性」である。「有情」とは、意識や感情のある人間や動物など。「非情」とは、草木や国土など、人間的な心をもたないように思われるものである。

また、「仏性」とは、ブリタニカには、「完全な人格者、仏陀となるべき可能性をいう。われわれが仏陀の教えを聞き、その教えに従って修養努力して行くことによって、ついには完全な人格者となることができるのは、われわれのうちに真理を理解し、それを体得実現しうる可能性があるからで、この能力が仏性である」とある。

池田は、これを「宇宙生命の慈悲と智慧に輝く偉大な可能性」と説明する。

この仏典が引用された背景には、前段で、M・S・スワミナサンの次の言葉がある。「戦争やテロは『人間への暴力』です。環境の破壊は『自然への暴力』です。それぞれ別の問題ではない。根は一つです。その根とは、人間、そして人間を支える自然環境、すべての『生命尊厳性』の軽視です。その根本を正さなくてはいけません」という言葉がそれである（二九三頁）。

この話を聞いた、ヘニングセンは、「私も同感です」と語り、「私たちの責務は、この世界全体をたんなる『物体』と観ることを超えて、それを私たち人間生命と同等のものとして理解することにあるはずです」と応えている。

その後、池田が「仏性」について、中国や日本の仏教では、「草木や国土など、人間的な心をもたないように思われる『非情』の内奥にも、『有情』と同じように、『仏性』が脈動していることを明かしております。一草一木のなかに、『仏性』の輝きを見出しているのです」と語る。その後に、ヘニングセンは、再び、重要な発言をしている。

それは、デンマークの神学者ルグストロップ（K.E.Løgstrup, 1905~1981）が、「神は世界のなかのすべての事象に内在する力だ」と述べていることを紹介し、ルターも、「神がすべてのなかに存在する『遍在の教義』」を説いていると語っている。更にヘニングセン自身も二人と同じ見解に立っているとして、「生なきものと生あるもの、仏法の有情と非情の話のように、物体と自然との間に境界線を設けることは意味のないことになります」と語っていることである（二九六頁）。

キリスト教神学者の間で、教義の解釈が分かれている中で、ヘニングセンが「私の見解」として述べたところに、池田の話に強く共感したことが窺える。

次に池田は、今大切なことは、国際的な環境保護の取り決めなどの促進も大事だが、「私たちが、どういう『人間観』や『環境観』をもって、行動していくかということではないか」と問いかけて、仏典の「五眼」について語り始める。

「五眼」について、ブリタニカには「肉身の所有している『一、肉眼（にくげん）』、二、色界の天人が所有している『天眼（てんげん）』、三、二乗の人が一切の現象は空であると見抜くことのできる『慧眼（えげん）』、四、菩薩が衆生を救うために一切の法門を照見するところの『法眼（ほうげん）』、五、仏陀の所有している、前記の四眼をすべてそなえた『仏眼（ぶつげん）』をさす」とある。

池田は、これを敷衍して分かりやすく、一、「肉眼」とは、人間の肉体に備わる普通の眼。二、「天眼」とは、昼夜や遠近を問わず見ることができるという「天人の眼」であり、「肉眼」の延長であり、遠くが見えたり、夜でも目が利くようになる。三、「慧眼」は、深い思索によって万物の平等性を洞察する智慧の眼。四、「法眼」は、衆生を救うために、社会の多様性を正しく判断できる菩薩の慈悲の眼。五、「仏眼」は、「慧眼」の平等性と「法眼」の多様性をともに備え、智慧と慈悲の光で、時間的には、過去、現在、そして未来に及び、空間的には、全宇宙へと広がりゆく仏の「眼」、と説明する。

要するに、一つの事象を、「どのような境涯で」「どのように見るか」、貪欲やエゴに曇った「眼」で見れば、自然は、人間が勝手気ままに征服できる「モノ」としか映らないかもしれない。しかし、仏の「眼」で見れば、この世界、宇宙は、等しく「生命輝く世界」「万物が尊厳を謳う世界」となると池田は語る。

これに対して、ヘニングセンは、西洋の伝統の中には、「五眼」と直接の対照をなすものはないと認めた上で、類似するものとしてグルントヴィが「人間生命の啓発のための尽きることのない源泉」と述べた「北欧神話」の中に、智恵によって、物事を深く見る目や考え方が存在していると述べている。

ここで池田が言わんとすることは、「大人の心の眼」、「五眼」で言えば、「仏眼」で子どもたちを見ることが大事であるとして、それを提唱する。

「どの子も、宇宙生命へとつながりゆく、無上の尊厳と可能性を秘めています」。「子どもたちが、どんな問題を抱えていようとも、『乗り越えられる』『幸せになれる』と、子どもの生命の偉大な可能性を信じ切って、見守っていくことが大切です」と述べ、この精神が、彼の目指す「人間教育」であることを明かしている。

ヘニングセンは、「子どもの中に強く生きている人生への期待を裏切らないこと、それがまさにグルントヴィの教育観における基本原則だった」と池田の意見に同調している。

要するに池田は、宇宙大の大きな心で、子どもの幸福と可能性を志向する精神性の大切さを提唱しているのである。

筆者は、ここまで深く強く「人間教育」に言及している言葉を他には知らない。長年、教職にあった者として過去を振り返ってみると、汗顔の至りである。

職員室

バイエン市の小学校 2005 年　　小中学校 2002 年

人間教育の実践は先ず、教師自身への「心の教育」つまり「人間革命」が求められていることに気付かされるのである。

次の仏典引用は、「蘭室の友（徳の高い人）と交わることで、蓬のように曲がった心が素直になる」である（三〇二頁）。

ヘニングセンの恩師、クヌッド・ハンセンはグルントヴィ研究の大家であり、ドストエフスキーやキルケゴール研究にも造詣が深かったが、アスコー校を、「グルントヴィについて学ぶ場所」というよりも、「グルントヴィの精神を備えた学校」にしたかったという。

つまり、グルントヴィの思想を他の思想と交流させることと、他の思想の洞察を通して、グルントヴィの思想の質をさらに高めたという。「これこそが、対話というものの重要なポイント」とヘニングセンは語る。彼が池田と対談しているのも、これと同じ考えに立っていると表明している。

『蘭室』とは、香り高き蘭の花咲く部屋であり、そこに居れば、蘭の香りが染みてくるのと同じように、高貴な精神の人とともにいると、いつのまにか、感化を受ける譬えとして引用されている。これが、「教育者や学校の一つの理想の姿」と池田は言う。

果たして、我が国の教育現場や職員室の雰囲気はどうであろうか。アスコー校を始め、見学訪問した学校には、常に対話と友情の香りが溢れている。筆者の経験上、学校の雰囲気は職員室を見れば一目瞭然である。写真を見ていただければ、説明を必要としない。

平和教育と対話の大光

ここでは最初に、二〇〇八年一月二〇日にコペンハーゲンで、池田の八〇歳の誕生日を祝賀して、ヘニングセンが会長を務める「アスコー池田平和研究会」で、「池田セミナー」を開催したことが報告されている。

参加者は、ヘニングセンに加えて、デンマーク南大学のイエンセン准教授、コペンハーゲン大学のジョン・エーベリ博士（デンマーク・パグウォッシュ会議議長）、南デンマーク大学のミカエル・アクター博士などが登壇した様子が写真入りで掲載されている。

筆者は、いずれの方とも懇談した思い出がある。

いずれの方も、ヘニングセンと池田を尊敬しておられ、平和、対話、友情を大切にされる方たちである。グルントヴィの思想を受け継ぐデンマークの識者たちが、「アスコー池田平和研究会」を開設し、「池田セミナー」を開催していることは、人間教育を推進する我々、日本の教育関係者にとっても、注目すべきことではないかと思う。

二〇一三年夏、アスコー校での「アスコー池田教育セミナー」については既に触れたが、実はその時のヘニングセンの対談相手はシーモン・ホフディング氏（Simon Høffding）で当時二六才の青年であった。シーモン氏は、キルケゴール（Søren Aabye Kierkegaard, 1813~1855）の影響を受けた哲学者、ハラルド・ホフディング（Harald Høffding, 1843~1931）を曽祖父に持つ哲学研究者であり、池田が創立したアメリカ創価大学を卒業して、コペンハーゲンに戻り、研究活動に励むとともに、率先してＳＧＩの活動にも取り組んでいる方である。

このように、池田を師と仰ぐ後継者がデンマーク社会にも続々と誕生していることは注目に値する。

ここでの仏典引用は、「縁起」と「一念三千」である。「縁起」について、ブリタニカには、「仏教用語。他との関係が縁となって生起すること。自己や仏を含む一切の存在は縁起によって成立しており、したがってそれ自身の本性、本質または実体といったものは存在せず、空である、と説かれる」とある。

池田は「縁起」について、「一人の人間は、他者とつながり、社会とつながり、その基盤である自然生態系とも相互に関連し合っています」と説明した後、「教育の目的」論にまで話を進めている。「私たち一人ひとりが、かけがえのない尊い存在として、他の人々ととももに、この大宇宙、地球生態系のなかで、生を営んでいるのです。他者と互いに助け合い、協力し合って、ともに平和で幸福な世界を創り上げていく。それが、いわば、この大宇宙から与えられた、人間の、『宇宙論的使命』なのです。そうした生き方を促していくことに、教育の目的もあるのではないでしょうか」と語る。

これに対して、ヘニングセンは、「それぞれの宗教は、私たちが人間として共有している現実を啓発する手助けができるのです」と肯定している。池田は、先師、牧口の「人生地理学」から教わった『世界市民教育論』を紹介しながら、さらに話を進めている。

「『平和教育』といっても、どこか遠くで、何か難しいことを学ぶことではありません。身近な人々を大事にしながら、日常のなかで世界を学び知り、麗しい『友好の心』を育んでいくことから始まるのではないでしょうか」と。

さらに、恩師、戸田の言葉を紹介する。「大作、勉強、勉強だよ。それは、仏法のことだけではない。社会全般のことはもちろん、全世界の運命のなかに自分というものを置いて、一切の発想をしていくことだよ」。

そして、「恩師は私たち青年に、心広々と世界と人類という全体観に立って学び行動しなさいと、最極の生き方を教えてくださったのです」と語り、自身が歩んだ「師弟論の教育」への感謝の思いを語っている。

これに対してヘニングセンは「卓見ですね。感動しました」と率直な感想を述べて、「これからの平和な時代を創造しゆく『地球市民』の要件を、どうお考えでしょうか」と最後の質問をする。

池田は、一九九八年六月に、アメリカのコロンビア大学ティーチャーズ・カレッジでの講演、「『地球市民』育成への一考察」を、要約して説明している。

「簡潔に申し上げれば、一点目は、生命の相関性を深く認識しゆく『智慧の人』。二点目に、人類や民族や文化の差異を恐れたり、拒否するのではなく、尊重し、理解し、成長の糧としてゆく『勇気の人』。三点目に、身近にかぎらず、遠いところで苦しんでいる人々にも同苦して、連帯しゆく『慈悲の人』です」

この説明に対して、ヘニングセンは「全く同感です」と語り、「『地球市民』のための教育に関しての説明として、これ以上明快な表現はない」と応えている（三二七頁）。

我が国の教育現場においても、「国際理解教育」が重視され、実践はされているが、その思想理念はどこから来ているのか、戸田が池田に教えた「全世界の運命のなかに自分というものを置いて、一切の発想をしていくこと」との言葉に耳を傾けたい。

アスコー校の伝統のなかには、この思想理念が根付いているように思える。

何故ならば、アスコー校で出会った人々との会話には、国際問題、環境問題、教育問題、などが自然な話題として語られる。いわゆる雑談の中にも、それらが身近な問題として出てくることを何度も体験しているからである。

「地球市民」としての自覚が、広く庶民に根付いていることを感じさせる。

次の仏典、「一念三千」については、広辞苑に、「(仏) 人の日常心(一念)に宇宙存在のすべてのあり方(三千)が含まれるとする教え」とあるが、語句説明だけではよく分からない。

池田は、「一念三千」について、「平和を実現しゆく無限の『善』の力―それは人間の生命のなかにある。それが、仏法の「一念三千」の法理です」と説明する。また、「自分自身を変革し、さらに人間社会を変革し、そして国土までも変革しゆく根源の力が生命の『一念』に秘められていると説くのです。その一人のひとりの力を結集し、平和に貢献していくのが、私ども『人間革命』の運動です。この人間の力を信じ抜く、きわめて能動的な仏法の哲学は、人間の無力感の対極に位置する思想であると私は思っています」と語る。

ここに、池田の、「人間革命」の背景となる理念が示され、「平和教育」の捉え方が示され、「人間教育」の核心となる理念が示されている。

ヘニングセンは、これら、SGIの平和、対話の運動に深い尊敬の念を持っていることを語り、「これら人間性、平和、民主主義を守り、それらのために戦わなくてはならないのです」と応じる。

対する池田も、「何事も、対話へと踏み出さずして、永遠に事態を変えることはできません。『対話』によって道を開く発想(ソフトパワー)へ、方向転換を促していかねばなりません。対話による平和の創造へ、教育の果たす役割は計り知れません」と結ぶ。

そして、ヘニングセン最後の言葉「池田会長は、世界のさまざまな思想・価値と協調できる勇気と智恵をもった稀有のリーダーであり、グルントヴィと牧口会長の二人の思想を、池田会長が世界的規模で見事に発展させておられるのです」。

まとめに代えて

この本のまとめに代えて、ヘニングセン生前最後の講演と池田の最後のメッセージを抜粋して紹介する。

2013年8月　アスコー校での講演（井口氏撮影）

ヘニングセン最後の講演
（二〇一三年八月二三日　アスコー池田池セミナー抜粋）

講演タイトル「啓発と教育の関係性」
講師　ハンス・ヘニングセン／対談者　シーモン・ホフディング

本講演はデンマーク語で行われたものを、シーモン・ホフディング氏（写真ヘニングセンの横にいる方）が英訳、それを関西創価高校の井口和弘氏が和訳したものである。筆者はその和訳を監修した。

なお、デンマーク語、英語、日本語のニュアンスが違う上、グルントヴィ著の和訳本によってそれぞれ訳語が異なるため、ここでは対談集で表記されている訳語を用いている。例えば、oplysningを「啓発」と訳している。このoplysningが辞書では、「照明、教育、啓蒙、成人教育、知識、情報」と訳されており、「啓発」がない。対談集でヘニングセンは「啓発」、池田は「生の啓発」と言い、狭い意味での「教育」との混同を避けている。また、池田が言う「教育」にグルントヴィの言うoplysningの意味も含まれている。

今日の社会において、啓発と教育の関係性を考えることは極めて重要である。実利的な知識を求め、科学技術や専門性を高めることを優先する現代社会において、啓発と教育の関係性について考えることはこれまで以上に重要な時を迎えている。私たちの社会が発展することは当然のことであるが、特に指導的立場にある者は、その方向性を十分に検討すべきである。

かつてデンマーク社会の最前で何よりも大事にされてきた「学校と啓発」が軽視され、それは第二、第三の問題として扱われている。今まで重視されてきた言葉や理念も今では古いものとして扱われるようになった。その言葉や理念とはまさに人間主義と啓発のことであり、更には学習と学びのことである。今や学校教育は、統一性と一体性を強制する役割に変わってしまった。

一九七八年、デンマークの教育省は「学習省」から「学校教育省」へと名称を変えた。この微妙な言葉の置き換えは教育の新しい方向性を意味し、悪いことにその流れの変更による危険性について、誰も気づかなかったのである。

今日までのデンマーク社会は啓発主義によって大きく形成されてきた。当時、啓発主義は「教育の成果を求める」功利主義的思考とは対極にあった。当時の社会は深い思想や福祉、幸福、平和につながるヒューマニズムが続くものと信じていた。

しかし、その考えは間違っていたようである。

科学の崇拝者たちは、それまでの思考方法を効果的にかつ権力の使い道に利用し、啓発の時代の夢であった高貴な意図以外のものに使われることに満足している。効率性と効果のみを考え、啓発主義が最も重要視してきたものは徐々に薄れていった。

だからこそ、今日、昔の啓発主義が重要視してきたものを再び明らかにする必要がある。

学歴を重視する社会は必ずしも「善」へは通じない。

むしろ破壊的力に繋がる場合がある。今日の社会は、そのことをよく分かっているはずだ。なぜなら、二〇世紀に起きた戦争の悲惨さを振り返るとそれは明白であるからだ。

しかし、二一世紀になって、少なくともデンマークでは、学歴社会や実利的知識の教育が啓発とは別のものになっていることに気づいている人は極めて少ない。

実利的知識と啓発はどのように違うのか。簡潔に答えると、啓発は各教科の教育で養われるものではない。啓発を特徴付けるのは、学校で教えられない生活のすべてとの相互作用の問題である。啓発とはそれぞれの生き方、生命と生命との相互作用という関係性を起点としている。

もう既に述べているが、現代の学歴社会の状況下では、啓発が批判されてきたのも無理はない。しかし、人類の平和、自由、民主主義、人間性が社会に浸透し姿を表すには、教科教育から得る知識ではなく、人間性の啓発にその答えは備わっている。

それこそが、フォルケホイスコーレ（国民高等学校）の役割であり、世界中の優れた指導者が強調している点である。しかし、政治家はそのことに気づかず、社会の方向性を誤ってしまう。民主主義を有する政治家たちは学歴ではなく、啓発に基づいてこそ民主的自由を築き維持できるということに気づかなければならない。

対話や相互理解は学校教育から生じるものでなく、グルントヴィは、相互理解は知識とは別に良心（善意）から生じるものだと正しく見極めている。

グルントヴィの考えを語る上で重要なことは、フォルケホイスコーレなどで見られる対話による相互理解の最終目的は考え方や価値観の同意や統一ではなく、互いの考え、背景、人格を知り、認め合うことである。これこそが、相互理解の意味の形成であり、社会に必要とされる要素である。

一八三〇年代、デンマークが民主主義による社会の構築を始めたとき、グルントヴィは対話による相互理解について書いている。その中で、昔のデンマーク社会は今日よりもいかに多様であったかを紹介している。ある人々は商人、ある人々は貧乏人、また、デンマークとドイツを含む地域（スレスヴィヒ・ホルスタイン州）では、デンマーク語を話す人もいれば、ドイツ語を話す人もいる。宗教においても、様々な信仰があり、統一した神は存在しなかった。グルントヴィはフォルケホイスコーレの役割は多様性の統一や修正ではなく、逆に多様性を理解し、尊重する中で生まれる生き方の深まりを重視していた。これらの多様な民族性や思想は お互いの生きた対話による相互交流によって呼び起されると洞察していた。

ここ数年、ありがたいことに八〇歳を越える池田SGI会長と何度も素晴らしい対話をさせていただいた。詳しいことは述べないが、池田氏のご尽力と氏が勇気をもって護ってきた啓発（人間教育）のことについて述べておきたい。

まず、最初に申し上げたいことは、池田氏はモンテスキューの三権分立思想によって構成されている現代の立法、司法、行政の三権に加え、教育権を独立させる構想、つまり「四権分立」を主張していることである。グルントヴィも同じように、社会から独立した教育の主体性を強調していた。

当時の考えとして、国・学校・教会を独立したものとして扱っていた。「教会」とは広い意味で言い直すと「宗教」のことである。それらが独立することによって、互いを深め合うことができる。だが、残念ながら、歴史が物語るように、一つの権力がそれらを独裁する場合もあった。しかしながら、これらの三権は相互対話と交流によって共存し互いに深まりを見せてゆくべきである。

第二に池田氏は、教育は社会のために存在するのではなく、社会は啓発（教育）のために存在しており、「教育のための社会」であるということを主張している。

かつてのデンマークも池田氏が語る、「教育のための社会」を重視していた。（中略）昔のデンマークは池田氏と同じ考えに立っていたと言える。しかし、それが今や、変わりつつある。だからこそ、今日、池田氏が主張する教育論は特別であり、重要なのである。

一九八一年、K.E.Løgstrup（ルグストルプ）氏はデンマークの教員養成大学で「社会の役割と学校」について講演を行なった。

ここで彼は社会において、学校は重要な役割を担っているが、それ自体が目的ではないことを述べている。彼にとって社会の主体は啓発であり、学校はその手段であることを、池田氏のように大胆にも強調した。しかし、興味深いことに、彼に反対する者は誰一人いなかった。なぜなら当時の人々は皆まだ、同じ考えを持っていたからである。

先ほども述べたが、グルントヴィは相互理解を重視した。池田氏もまた対話の力を最大に重視しており、グルントヴィと池田氏の考えは一致している。対話と相互交流作用は今日の社会を理解し合う上で重要な基盤であり、グルントヴィが最も大事にしていたことである。

理論のみを語るものは多いが、それをグルントヴィとフォルケホイスコーレに関連付けて語る人は少ない。

しかし、当時のグルントヴィは、深い知識や科学技術の発展を受け入れるためには対話と相互交流が重要だと考えていた。グルントヴィの主張は未来に向けての叫びであった。しかし、彼の亡き後、それを理解しようとする人はいなかった。そのため、グルントヴィが書き残していた現代科学的技術の危険性についての原稿は一〇〇年以上もの間、世に出ることはなかった。その資料は一九八三年、グルントヴィの生誕二〇〇年を記念して、ようやく発刊されることになった。一八二九年から一八九一年の間、グルントヴィは、問題がありつつもこよなく愛したイギリスを三回にわたり訪問している。イギリス人のやり方は未来を考えずに今のことに集中していると彼は書き残している。つまり彼らは利益を目にして、その手段のことを深く考えていなかった。

数十万人を犠牲にして、資本主義はお金を作り出す道具として変わり、貧しい人々の血と汗で国は発展を遂げた。それにもかかわらず、彼らは資本主義的発展を止めず、後で過ちを修正する形をとった。

ここデンマークでは、資本主義的発展途上に見られた犠牲を避けるべく、グルントヴィはフォルケホイスコーレと連携して「技術評価」と呼ばれる今日の部門を設立し、その学校をソーア（Sorø）に設立することを提案した。

ここにグルントヴィがいかに啓発を重視していたかが分かる。啓発は、私たち全員がそれを見て、意見を共有し、質問をすることができるように、ケースを明確に提示することであり、知識ある者が無い者に教えるという考えではなく、事実に基づいて、お互いの考えや疑問に対して対話をすることであった。

宗教の役割についても、私と池田氏との対談で取り上げられた。今日まで世界中で、宗教と社会、宗教と政治の関係性は議論されてきた。少なくともヨーロッパでは宗教は社会や政治に関わることがないように長い間、気をつけられてきた。

ソーアの騎士の教会（2016 筆者撮影）

グルントヴィに戻ると、彼は、宗教は人間の生き方であり、特定の宗派ではなく、宗教そのものが生命の存在を明らかにしていると捉えていた。彼はそのような考えのもと、宗教の独立性を強調していた。では、宗教と社会はどのように対話すべきなのか。それは先ほども述べたように、宗教は独立した権利として、国、学校と同様、相互的対話と交流を通して、社会と文化の一部であるべきだと主張している。

宗教は人間と社会において、多くの問題を起こす場合もある。しかし、それは国家、聖職者、政治家などが宗教を意識的、もしくは無意識的に手段として、人々を支配する方法として使う時にある。

そのため、宗教的な弾圧や制限は社会において禁止されるべきである。

一方、宗教には信者だけでなく誰に対しても、利益をもたらす啓発、つまり、国家が世界の絶対的な権力ではないという事を理解することの一部としての啓発が含まれている。

宗教は全ての生命そのものを最大に尊重する生き方を示している。宗教がもたらす社会への啓発的貢献は無視できない。このことについては、対談の上、私と池田氏は深く同意している。

宗教と文化がうまく貢献し合えるかどうかは宗教の深化にかかっている。社会から消え去ろうとしていた宗教が再び今日の世界に少しずつ現れてきたのはここに大きな理由があると思う。

その可能性を信じて戦い続ける人々はまだいる。私は今日のグローバル化した世界と未来に於いて、宗教の役割は極めて重要であり、世界宗教は地域社会に根付きながらも、世界が共通して重視すべきものを提供できると思う。

真理は必ず一つである。しかし、その真理は違いを認め合う対話なくしてはあり得ない。

これ以外に世界が目指すグローバルな人類未来の方向性は見えない。そして、これこそが約二〇〇〇年前にグルントヴィが既に主張をしていたことである。

彼は人々が同じようになり、同じような形で能力を計られる中で、国家や人間社会が存在するとは考えていなかった。逆に、彼は、そのような画一性を恐れていた。彼の思想は違いを認め合う社会の形成であることは明確であった。多種多様で普遍的な全ての「人間」を尊重することによって最終的には調和できることを「ホイスコーレ」という本に書いている。

調和した人間性は画一化された同じ思想の人ではない、このような考えを持つことが大切である。

グルントヴィの多様性を尊重する思想は彼のキリスト教の信仰に基づいている。多くの人が彼を民族主義者として捉えているが、それは間違いである。既に述べているように、彼は、普遍性は多様性に基づいており、民族主義とは似ても似つかないという考えを持っていた。「汝自身を知れ」というソクラテスの哲学に加え、「隣人をも知ろう」とグルントヴィは付け加えたであろう。これこそが、世界平和の基盤であり、教育以上の啓発の思想である。最も優れた学力教育でも足りないものがある。平和、自由、民主主義、は啓発を前提としている。

池田氏が語る「教育」の中にも、この意味は全て備わっており、牧口の跡を継ぐものとして語り続け、行動している。

今日、世界で数少ない世界有数の人物の一人であり、世界的指導者として唯一そのことを世に紹介し続けている。

だからこそ、啓発を大事にする私たちは、八〇歳を越えた池田氏に最大の感謝と敬意を表したい。

私は今日の青年たちに申し上げたい。この道をしっかりと歩み続けて欲しい。決して勇気をなくすことなかれ。対話と啓発こそが人類にとって唯一の希望であるからだ。

最後となった池田の教育メッセージ（二〇二三年八月二三日付け聖教新聞）

「創大通教生『学光祭』への池田先生のメッセージ」を読んだ。抜粋して紹介する。

私が創大通教の誇りを語り合った世界の識者の一人が、デンマークの偉大な教育者、ヘニングセン先生です。ここ創大キャンパスにもお迎えしました。ヘニングセン先生が、「『勉強は永遠にできる』『生涯教育』は個人だけでなく、社会全体にとっても有益なものになる」と力強く語られていたことが忘れられません。（中略）ヘニングセン先生とは、現代社会において、さまざまな背景を持った人々が集まって、学び合う重要性についても一致しました。分断と孤立を深め、生き生きとした人間の絆が脆弱となっていると憂慮される世相にあって、まさしく桜梅桃李の多彩な人華が交流を結び、未来への誓いを分かち合う、この光友家族の連帯の意義は計り知れません。

先師牧口常三郎先生も敬愛した、来月、生誕２４０周年を刻むデンマークの民衆教育の父、グルントヴィは謡いました。『啓発の光こそが我々の熱望であるべきだ』『ありふれた場所であったとしても　その光が終始　民衆の声でなされれば　必ず生命の啓発となる』と。さあ、人類が希求してやまない、この生命の啓発の光、すなわち価値創造の『学の光』をいよいよ赫々と放ちゆこうではありませんか。

人間教育の両巨人の遺言とも思われる話が、ヘニングセンにとっては、牧口常三郎と、池田大作。池田にとっては、グルントヴィとヘニングセンの話で締めくくられていることに、感動を抑えることができない。

このように池田の人間教育の構想は、デンマークに始まり、メッセージもデンマークで終わっているが、「さあ、人類が希求してやまない、この生命の啓発の光、すなわち価値創造の『学の光』をいよいよ赫々と放ちゆこうではありませんか」との励ましの言葉は、永遠に輝き残るであろう。

あとがき

私の人生を決めたとも言える大恩人、池田大作先生が二〇二三年一一月一五日に九五歳で逝去されました。思い起こせば先生との出会いは、一九五六年七月八日、先生が二八歳、私が九歳の時に当時の我が家に突然来られた時から始まります。「坊やよく寝ているね」と声をかけていただいたその日は、後で分かったことですが、有名な「まさかが実現」と当時の新聞紙面を賑わした参議院大阪地方区選挙の投票日の当日だったのです。

詳しくは、「常勝関西の源流」（潮ワイド文庫　二〇一八年）に掲載されています。

その後、直接お会いしたのは、一九七二年の夏、大学四年の時、一九八七年四月、小学校教員の時、その他先生ご出席の会合や記念撮影会でお目にかかりました。

人生の節目となる大学への進学、ケーキ職人から教職への進路変更、現職教員で夜間大学院への進学、及び博士論文の謹呈など、全て、自身の自発的な挑戦でした。

不肖の弟子ゆえに、紆余曲折はありましたが、先生のご指導なくして現在の自分はありません。

この本は「教育を最後の事業」とされた先生に、報恩感謝の念で書き残そうとしたものです。

デンマークをめぐる池田先生の「師弟不二の教育論」を書き残すことにより、平和、文化、教育の道を継承する世界の若人たちの道標の一つとなることを願っています。

この本は、霊山で見守ってくださる池田大作先生とアスコー教会墓地に眠っておられるハンス・ヘニングセン先生に捧げます。

参考文献

牧口常三郎　一九三〇年『創価教育学体系Ⅰ』聖教文庫 聖教新聞社

内村鑑三　一九四六年『後世への最大遺物・デンマルク国の話』岩波文庫

堀日享編　一九五二年『日蓮大聖人御書全集』創価学会

国立公文書館蔵　一九九四年『岩倉使節団文書』（マイクロフィルム版）ゆまに書房

古城健志、松下正三編　一九九五年『デンマーク語日本語辞典』大学書林

清水満　一九九六年『改訂新版　生のための学校─デンマークで生まれたフリースクール「フォルケホイスコーレ」の世界─』新評論

寺田治史、白石大介　一九九九年「デンマークにおける教育事情Ⅱ『生の教育』の実態を垣間見る」『武庫川女子大学臨床教育学研究科研究誌第5号』

中村元　二〇〇三年『現代語訳大乗仏典』「法華経」東京書籍

宇野豪　二〇〇三年『国民高等学校運動の研究──一つの近代日本農村青年教育運動史─』渓水社

ハル・コック著　小池直人訳　二〇〇七年『グルントヴィ』風媒社

池田大作　二〇〇四年『新・人間革命第四巻』聖教新聞社

澤野由紀子　二〇〇四年『北欧における生涯学習政策の展開』国立教育政策研究所生涯学習政策研究部

吉田正純　二〇〇九年「EU生涯学習政策とアクティブ・シティズンシップ―成人教育グルントヴィ計画を中心に―」『京都大学生涯教育学・図書館情報学研究第8号』
池田大作　二〇一〇年『新・人間革命第二一巻』聖教新聞社
村井誠人　二〇一〇年「「外に失いしものを、内にて取り戻さん」考―我が国におけるデンマーク紹介の常套句が固定的に使われることを考える―」『早稲田大学大学院文学研究科紀要第四分冊』
N・F・S・グルントヴィ著　小池直人訳　二〇一〇年『世界における人間』風媒社
ステイーブン・ボーリッシュ著　難波克彰監修　福井信子監訳　二〇一一年『生者の国―デンマークに学ぶ全員参加の社会―』新評論
N・F・S・グルントヴィ著　小池直人訳　二〇一一年『生の啓蒙』風媒社
桑原敏明　二〇一二年「デンマークの教育制度―国民を幸福にする教育と教育制度の探求（試論）―」『教育制度研究紀要』筑波大学教育制度研究室
N・F・S・グルントヴィ著　小池直人訳　二〇一四年『ホイスコーレ 上』風媒社
N・F・S・グルントヴィ著　小池直人訳　二〇一五年『ホイスコーレ 下』風媒社
谷雅泰、青木真理編著　二〇一七年『転換期と向き合うデンマークの教育』ひとなる書房
村井誠人、大溪太郎　二〇二二年『一冊でわかる北欧史』河出書房新書
池田大作監修　発行者原田稔　二〇二三年『創価学会教学要綱』刊行委員会 創価学会

寺田　治史（てらだ はるひさ）

1947年、東大阪市生まれ。

関西大学Ⅱ部商学部卒業、家業の洋菓子店でパティシエ職を経て、佛教大学通信教育学部教育学科修了、この時から公立小学校教諭として35年間勤務。

小学校在職中に武庫川女子大学（夜間）大学院臨床教育学研究科　修士課程修了。

小学校在職中に同上（夜間）大学院臨床教育学研究科博士課程後期満期退学
博士（臨床教育学）。

以後、太成学院大学兼任講師（現任）、兵庫県立大学非常勤講師、宝塚大学非常勤講師を歴任。

専門は臨床教育学、カウンセリング、教育心理学。

元学校心理士　元上級教育カウンセラー　元ガイダンスカウンセラー。

主な著書
「子どもの悲鳴・大人の動揺－教育病理に応える臨床教育学」－分担執筆　中央法規出版。
「臨床描画研究 Vol.16　特集／描画と脳神経系」分担執筆　北大路書房。
「育てるカウンセリングによる教室課題対応全書7『教室で気になる子』分担執筆　図書文化社。

デンマークと池田大作先生

2024年7月3日　第1刷発行

著　者　　寺田治史

発行人　　大杉　剛
発行所　　株式会社 風詠社
〒553-0001　大阪市福島区海老江5-2-2 大拓ビル5-7階
TEL 06（6136）8657　https://fueisha.com/
発売元　　株式会社 星雲社（共同出版社・流通責任出版社）
〒112-0005　東京都文京区水道1-3-30
TEL 03（3868）3275
印刷・製本　シナノ印刷株式会社

ISBN978-4-434-34133-5 C0037